让孩子们心动的故事

With safety company
与安全相伴

燕子 主编

哈尔滨工业大学出版社
HARBIN INSTITUTE OF TECHNOLOGY PRESS

图书在版编目(CIP)数据

与安全相伴 / 燕子主编. —哈尔滨：哈尔滨工业大学出版社，2016.1
（让孩子们心动的故事）
ISBN 978-7-5603-5399-9

Ⅰ. ①与… Ⅱ. ①燕… Ⅲ. ①童话 – 作品集 – 世界 Ⅳ. ①I18

中国版本图书馆 CIP 数据核字（2015）第 114396 号

让孩子们心动的故事

与安全相伴

策划编辑	甄淼淼
责任编辑	刘　瑶
文字编辑	葛文婷　苗　青
装帧设计	麦田图文
美术设计	Suvi zhao　蓝图
出版发行	哈尔滨工业大学出版社
社　　址	哈尔滨市南岗区复华四道街 10 号　邮编 150006
传　　真	0451-86414749
网　　址	http://hitpress.hit.edu.cn
印　　刷	牡丹江邮电印务有限公司
开　　本	889mm×1194mm　1/32　印张 5　字数 60 千字
版　　次	2016 年 1 月第 1 版　2016 年 1 月第 1 次印刷
书　　号	ISBN 978-7-5603-5399-9
定　　价	16.80 元

（如因印装质量问题影响阅读，我社负责调换）

前言

嘿,亲爱的你,最近心情怎么样?晴空万里,还是阴云密布?或许你到了有"心事"的年龄了,让我猜猜,都有哪些烦心事呢?

是不是你被家长或者老师说,不合群、不愿与人分享、不爱思考、不愿和人交往、不相信他人、做事情拖拉、不注意安全、不守信用、不自信等等。

嘿,别担心,快翻开这本让无数孩子心动的故事书,神奇的魔力会让懒惰变勤奋、说谎变诚实、懦弱变勇敢、哭泣变微笑……

嘿,成长就是这样,笑对生活,学会分享,让烦恼消失,让快乐回来!

- 我的新郎是强盗 6
- 狐狸的威名 14
- 黑爪子妈妈 20
- 机智的羚羊 28
- 黄鼠狼与鸡 36
- 戴红帽子的小女孩 44
- 兔子新娘 52
- 小鸭子找家 60
- 小蜜蜂梅雅 68
- 阴险的仙鹤 76
- 第十三个预言 84
- 半条尾巴的狼 94

目录

被禁锢的妖怪 148

塞根先生的第七只山羊 128

牛栏里的鹿 116

狗、公鸡和狐狸 102

忘带"心"的猴子 108

老虎的宴会 122

真假牧鹅姑娘 140

雪孩子 154

contents

我的新郎是强盗

从前,有一位富裕的磨坊主,他有一个漂亮的女儿。

磨坊主经常对他的女儿说:"亲爱的孩子,你善良而又美丽,我一定要给你找一个出色的夫婿。"

一天,一位英俊的年轻男士来到了磨坊主的家。这位男士看起来十分富有,磨坊主对他很满意,便想把女儿嫁给他。但磨坊主的女儿却并不十分欣喜——每当她看到这位男士时,心里都会觉得害怕,可能是因为,对他还不够了解吧!

可当年轻男士向磨坊主的女儿求婚时,由于磨坊主同意了,女孩也只好先答应下来。

有一天,年轻男士对磨坊主的女儿说:"现在,你已经是我的未婚妻了,应该到我家里看看。"

女孩问:"可是,你还没有告诉我,你的家到底在哪里啊?"

年轻男士说:"在大森林中,有一条用石灰铺成的小路,走到路的尽头便是我的家了。"

女孩心里虽然有些犹豫但还是去了,为了使自己能够找到回家的路,女孩便把豌豆洒在了石灰上。

女孩终于来到了未婚夫的家,然而,令她惊奇的是屋里只有一位老婆婆,这位老婆婆被绳索捆绑着。女孩看到她很可怜,问道:"这是谁做的?"边说边为老婆婆解开了身上的绳索。

老婆婆对女孩说:"美丽的女孩,感谢你救

了我，你怎么会来这个地方？"

女孩说："要是我没有走错路，我想这里应该是我未婚夫的家了。"

老婆婆说："可怜的孩子，或许你还不知道这里到底是怎样一个地方，还不知道你的未婚夫到底是怎样一个人？不过我想你很快就会明白的。"

女孩问："善良的人，感谢上帝把我引到这里，到底是谁把您捆住了？"

老婆婆说："这里是强盗的家，要是你知道你的未婚夫也是强盗，我想你一定会害怕的，不过请不要担心，我一定会帮助你摆脱危险的。"

老婆婆继续说："你瞧见那只木桶了吗，要是你愿意钻进去，你就会安全了。"于是，美丽的女孩便钻进了木桶之中。

夜晚，有几个蒙面人走进屋来，他们摘掉面纱，姑娘一眼就认出了其中一个正是自己的

未婚夫,原来他真是强盗。

强盗们又带回来一个姑娘,这个姑娘一定是被他们骗回来的,强盗们回来后大吃大喝起来,不管姑娘怎么哭,怎样挣扎,他们还是给她灌进了三杯葡萄酒,姑娘喝完就倒在地上死了。强盗的未婚妻想:"这帮可恶的强盗,如果我不藏到这木桶里,肯定会没命的。"

强盗们又继续吃喝,不一会儿就都喝多了,甚至看见老婆婆站在旁边,也没问起老婆婆是怎么解开绳索的,还让她和他们一起吃喝。

老婆婆趁他们不注意,在他们的酒里放了

安眠药。趁他们睡着时,老婆婆就带着藏在木桶里的女孩偷偷地逃了出来。

她们按着女孩洒下的豌豆回到了家。回到家后,美丽的姑娘告诉了父亲在森林中所发生的一切。父亲对她说:"我的孩子,请不要担心,仁慈的上帝一定会保佑你的。"

终于,到了举行婚礼的日子。那个强盗和他的同伙们如期来到了女孩家。女孩看见他真是气愤极了。在婚礼上,有客人提议,新郎和新娘每人讲一个故事。新娘先讲,于是女孩把在森林中所发生的一切讲了出来。新郎听后心虚得想要离开,新娘指着新郎说:"他就是那个强盗。"

客人听后

愤怒极了，对新郎说："你竟然害死了一个女孩，并且还想害死更多的女孩，真是太可恶了。你必须受到惩罚！"

愤怒的人们把新郎和他的同伙们抓起来，送到了法庭，大法官知道了强盗冒充新郎以及杀害其他姑娘的罪行，于是，大法官判决他们终身待在监狱里。

就这样，聪明的姑娘凭借着智慧和勇敢，保护了自己的安全，也伸张了正义。

和爸爸、妈妈一起分享

故事中,女孩在第一次见到新郎的时候,感觉不好。之后,她开始小心调查,最终发现了新郎是强盗的秘密。

生活中,我也是如此鼓励孩子的。对于有怀疑的事情,就要去查证,尽自己所能,弄清楚事情的真相。

在子铭看来,这个过程,更像是一场"福尔摩斯"式的侦探游戏。不过在了解事情真相的过程中,子铭也避免了许多伤害,我觉得这是一个很好的方法,不需要灌输孩子"假、大、空"的内容,而让他在生活中感悟、成长。

现在我也把这个方法推荐给你们。

哈尔滨市刘子铭妈妈 高文君

小朋友,关于这个故事你有什么话要说,写到下面吧!

_____
_____
_____
_____

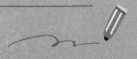

轻松一下 Game

安全贴士

被困在某处时,有一些逃生小秘诀,下面我们会详细介绍一下。

★ 多听多看记心间

平时出门,要留意走到哪了,大概所在的方位,最好学会留下小标记,方便辨认位置。遇到坏人时,你听见什么看见什么要记住,但是不要说出来。

★ 吃好喝好睡好

遇到危险时,要保持镇定,吃好喝好睡好,保持最佳的身体状态,养足精神,寻找逃生机会。

★ 机智快速的反应

遇到危险拔腿就跑时要果断。抓准时机,培养反应能力。

狐狸的威名

清晨,太阳的光芒爬上了树梢,森林中的小动物们一一从睡梦中醒来。

"饥饿的滋味真是难熬!应该出去碰碰运气。"说话的是一只老虎。正当老虎因为饥饿而烦恼时,一只狐狸进入了老虎的视线。狐狸见到老虎,心里慌乱极了,但却有意表现出一副十分镇定的样子。

再看看老虎,他见到狐狸后心里美滋滋的。他想:"这是多么美好的一天,我终于可以不用再忍受饥饿的煎熬了。"他对狐狸说:"狐狸,都说你是天底下最聪明的动物,但我可没看出来,正如这次,是你自己送上门来的,你知道我看见你有多高兴,肉是什么滋味我都有点忘记了。"然而,使人意外的是老虎并没有享受到这美味。真是使人惊奇,到底发生了什么?

狐狸听了老虎的话,真是害怕极了,心想:要是我不能想到办法,恐怕就要成为老虎的早餐了,要是那样,简直太悲哀了。狐狸眼睛一转,有了,于是他对老虎说:"老虎先生,请您等等,先别忙着吃我,我倒是没关系,但我得提醒您一下,为了您的安全,您还是不能吃掉我,尽管您是百兽之王。"

老虎觉得很奇怪,便问狐狸:"这到底是怎么回事?"

狐狸说:"尊敬的老虎先生,我可是上帝派来的使者,要是您吃了我,恐怕就会遭受惩罚。"

老虎对狐狸说的话产生了一丝怀疑。狐狸看出老虎的犹豫,趁机继续说道:"老虎先生,要是您不相信,就请和我到森林中走走。"

为了证实狐狸的说法,老虎只好答应了狐狸的请求,跟他去森林中走走。

他们来到了森林中的一处山坡,这里的风景别提有多美了,高大的树木似乎在站岗;树梢上鸟儿的歌声简直太动听了;小动物们开心地追逐着;鲜花的芬芳弥漫着整片森林。

狐狸大摇大摆地走在前面,老虎寸步不离地跟在后面。他们一出场便使这里的一切发生

了改变。鸟儿飞离了树梢；鲜花仿佛在颤抖着身体；那些可怜的小动物们一定是害怕了，瞧，他们早已跑得不见了踪影。

老虎看到这些情形，相信了狐狸说的话，心想："原来狐狸有这么大的本领，小动物看到他吓得狼狈地逃跑了，就连花草树木仿佛也都屏住了呼吸，看来这个家伙还真是上帝派来的，我还是先逃命要紧。"老虎越想越害怕，趁狐狸不注意，转身向后撒腿就跑，任凭狐狸怎样呼喊。

跑了好久，老虎在一个山坡上停了下来，回头看看狐狸没有追来，他自言自语地说道："幸亏我跑得快，否则我就成了狐狸的下酒菜。"

和爸爸、妈妈一起分享

这个故事在我小的时候就听过。现在我把这个故事讲给我的孩子，因为我觉得这个故事十分经典。

老虎不知道自己的优势，所以才会被狐狸利用，不仅丢掉了自己的猎物，同时丧失了自己的优势。

现实生活中，我也会和孩子说，"你听，那个人说他认识白雪公主，并且和蜘蛛侠是好朋友，你羡慕吗？"

孩子起初很羡慕，后来渐渐明白，那人不过是在吹牛，在虚张声势。这种虚假的话听多了，现在他可不会那么容易受"骗"了。

北京市于蛟洋爸爸　于立峰

小朋友，关于这个故事你有什么话要说，写到下面吧！

_____

_____

_____

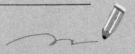

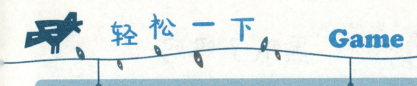

知识扩展

老虎和狐狸的故事，流传很广，演变成了一个成语，叫作"狐假虎威"。

狐假虎威：[hú jiǎ hǔ wēi]
【解释】：比喻依仗别人的势力欺压人。

狐狸和老虎的故事还在继续，这一次狐狸发挥自己的才智，不仅没有让老虎吃掉自己，还能够吓跑老虎。

但是老虎也不笨，回到家后，他仔细想了事情的经过，发现：不对呀，自己被狐狸利用了！

于是老虎决定再次去找狐狸报仇。（请续写后面的故事）

黑爪子妈妈

很久以前,一位羊妈妈生下了七只小羊,这七只小羊虽然长得很可爱,但并不能够抵御危险。于是,寻找食物的重任就落到了羊妈妈的身上。

一天,羊妈妈对七只小羊说:"孩子们,家里已经没有什么吃的东西了,我必须出去找吃的,但是我真为你们担心。"

小羊们说:"亲爱的妈妈,您到底在担心什么?"

羊妈妈说:"我担心在我走后,你们会遭遇

危险,要是狼来敲门,你们可千万不能开,你们一定还不知道狼是多么危险的一种动物。"

小羊们问道:"亲爱的妈妈,我们到底要怎样才能判断出来敲门的会是一只狼呢?"

羊妈妈说:"要是你们听到他哑着嗓子说话,爪子黑极了,那便是狼了。"

小羊们说:"亲爱的妈妈,请您放心好了,我们能够保护好自己。"

于是羊妈妈挎着篮子出门了。

羊妈妈刚一离开,便传来一阵敲门声。小羊们心想:这到底会是谁呢?

只听那个声音说:"亲爱的孩子们,请开开门,我是你们的妈妈。"

小羊们心想:这个声音听起来简直太粗了,或许这就是妈妈所说的狼了,要是开门,恐怕我们就会遭遇危险。于是小羊们对那个声音说道:"你的声音那么粗,你一定是狼,拜托你还是走吧。"

狼气愤极了,但并不甘心。忽然,狼似乎看到了什么,他高兴地说道:"小羊儿们,我想你们很快就会成为我的晚餐了。"

狼跑到附近的杂货店买了一大块面粉团。要知道,嗓子被挤压后,声音就会变细。

狡猾的狼把面粉团塞进嗓子里,果然嗓音变得又尖又细。

他再次来到了小羊们的家。狼说:"亲爱的孩子们,请开开门,我是你们的妈妈。"

小羊们似乎从门缝中看到了什么,于是他们对狼说道:"你的爪子简直是太黑了,你绝不会是我们的妈妈。"

狼气愤极了,心想:"这帮小羊简直太聪明了,哎,美味还是没能吃到!"于是他来到面包店对面包师说:"要是你不能使我的爪子变白,你就等着做我的晚餐吧!"面包师害怕极了,于是,他只好拿些面粉使狼的爪子变白。

咚咚咚,传来一阵敲门声,"那只狡猾的狼

又来了!"一只小羊喊道。狼故意把自己的白爪子放到门缝,用细细的声音说:"亲爱的孩子们,请开开门,我是你们的妈妈。"或许是因为狼伪装得太好了,小羊们竟然相信了。"真的是妈妈,是妈妈回来了!"所有的小羊都高兴地喊着,并且把门打开了。

狼迅速闯进屋里,不由分说地将小羊们吃掉。几乎所有的小羊儿都成了狼的晚餐,除了那只最小的羊,他躲进了钟表盒里。

狼饱餐一顿后便离开了。过了好久,妈妈终于回来了。看到屋里的一切,羊妈妈担心极了。这时躲到钟表盒里的那只小羊走了出来,紧紧地抱住妈妈。羊妈妈说:"我的孩子不要害怕,到底发生了什么?"这只小羊向妈妈讲述了事情的经过。

"我可怜的孩子们,你们到底没能识破狼的伪装。"她继续对这只小羊说道,"我的孩子,狼一定是在草地上睡着了,要是我们及时

赶到或许还能够救回你的哥哥姐姐们。"

于是,羊妈妈带着那只唯一的小羊来到了草地上。狼果真正在这睡觉,羊妈妈用剪刀轻轻地剪开狼的肚子,奇迹发生了,几只小羊从狼肚子里爬了出来。

机智的羊妈妈担心狼醒来后,发现肚子里的小羊不见了,于是她用石头,塞满了狼的肚子。最后她又用针线把狼的肚子缝好。

做完这一切,羊妈妈带着小羊们躲了起来。

恐怕此刻狼仍然在做着美梦呢！

不一会儿，狼醒了，他喃喃地说道："真是奇怪，我的肚子怎么变重了？"

就在狼走到河边想要喝水的时候，他掉进了河里，再也没能上岸。躲在一旁的羊妈妈和小羊们开心极了，小羊们说道："亲爱的妈妈，我们终于知道狼是多么危险、多么善于伪装的一种动物了，这一次，我们险些看不到您了，真是太可怕了！"

和爸爸、妈妈一起分享

"妈妈,小羊他们太笨了,竟然这么轻易就相信大灰狼,如果是我,我就不会相信大灰狼的鬼话!"文文说。

我问女儿:"你之所以能够辨认出大灰狼,是因为你已经知道了大灰狼的样子,如果从没有见过大灰狼呢?你会不会像七只小羊一样被骗了呢?"

文文想了一会儿,着急地说:"我想,我也会被骗,那怎么办呀?"

我告诉她,方法就是多了解事物,多学习知识,当你积累了足够的见识,就不用担心会轻易被人欺骗了。

青岛市郑舒文妈妈　晴晴

小朋友,关于这个故事你有什么话要说,写到下面吧!

_____
_____
_____
_____

轻松一下 Game

名言警句

驾车抽烟是违章。

装接地线,必先验电。

隐患猛如虎,时刻要清除。

安全就是幸福,安全就是生命。

宁可迎风保安全,不愿苟且去偷懒。

安全法规血写成,违章害己害亲人。

安全生产勿侥幸,违章蛮干要人命。

安全是生命的基石,安全是欢乐的阶梯。

在发展的道路上,安全规则是指路的明灯。

如果说工作是一本书,那么安全就是序言。

多看一眼,安全保险;多防一步,少出事故。

安全不能指望事后诸葛,为了安全须三思而后行。

安全是幸福家庭的保证,事故是人生悲剧的祸根。

机智的羚羊

亲爱的朋友,羚羊这种动物你一定见过吧,或许你会说他跑得简直是太快了,然而我要告诉你的却是羚羊是多么聪明的一种小动物,即便在那充满了未知风险的大森林中,他也总能使自己处于安全的境地。要是你对我的话有些怀疑,那就请和我一起来看看吧。

你瞧,这就是那片大森林了,这是多么美丽而又危险的一个地方,聪明的羚羊就住在这里。

一天,羚羊在散步时,一只豹子发现了他。

哦,天哪,危险恐怕要来临了。豹子一定会使羚羊从这世上消失的。然而,消失的却不是羚羊,那一定就是豹子了。哦,这是多么有趣的一件事,真是让人惊奇。

豹子对羚羊说道:"羚羊先生,我想你就是我的美味了。"

羚羊却说:"豹子先生,恐怕我太瘦弱了,不能让您吃饱。"

豹子说:"你的肉简直鲜美极了,瘦弱些又有什么关系?"豹子的话并没吓住羚羊,羚羊表现得镇定极了。

羚羊说:"豹子先生,我想您一定很饿了,我倒是觉得人类才是您最应该享受的美味。"

豹子疑惑地问:"可我不知道去哪里找人类?"

羚羊说道:"要是您相信我,就请您随我来吧。"

豹子心想:"要是你敢耍我,我一定让你知道我的厉害。"为了能够吃到美味,豹子答应了羚羊的请求。

一片草丛遮住了他们。就在这时,一个娇小可爱的小女孩正缓缓走来。豹子看到正在缓缓走来的小女孩说道:"难道这就是我要找的人?"

羚羊说:"这当然不是了,她还小,恐怕要再过几年才能变成人。"

饥饿使得豹子着了急,他问道:"可以吃的人到底在哪里?你这狡猾的家伙,竟然敢欺骗我,我真是应该吃掉你。"

羚羊说:"请您别急,享受美味不能没有耐心。"

又过了些时候,一个老人走了过来。豹子又问:"这个人可以吃了吧?不过,他简直太瘦了,恐怕连我的牙缝都不能塞满。"

羚羊说:"这个当然不能吃了。"

豹子愤怒极了,说道:"你这狡猾的家伙,我真是应该吃掉你。"

这一次，羚羊依然表现得非常镇定，他对豹子说道："豹子先生，请不要说话，真正可以吃的人即将到来。"

果然，这一次正如羚羊所说，从远处走来一个高大、雄壮的人。

豹子对羚羊说："这一定就是你说的可以吃的人了，我的美味终于来了。"

羚羊说道："这个人的确可以吃，我想他的肉一定鲜美无比。"

豹子高兴极了，他飞快地扑了过去！但那

个人的动作要比豹子快得多,还没等到豹子反应过来,他已经中了一枪,倒在了地上,而那只羚羊早已不见了踪影。

原来,羚羊所说的可以吃的人,所说的美味竟然是一个猎人,豹子虽然厉害,但在人类面前,恐怕也无能为力了。看来,那只羚羊还真是要比豹子聪明得多。

和爸爸、妈妈一起分享

　　羚羊在面对危险的豹子时,并没有慌张,相反,他冷静地想出了对策,最终使自己转危为安。

　　给天天读完故事,我问他:"儿子,如果你是羚羊先生,你能像他一样机智、勇敢吗?"

　　天天说不知道,不过他很佩服羚羊先生,他决定以后也像羚羊先生一样,遇到危险不慌张,仔细想解决的办法。

　　我觉得这个故事很好,还和天天一起改编成了一个小短剧,有客人来家里时,我们就表演给大家看,大家都觉得很有趣。

深圳市周天妈妈　曹秀英

小朋友,关于这个故事你有什么话要说,写到下面吧!

_____
_____
_____
_____

轻松一下 **Game**

安全标志知多少

机动车道

地下通道

人行横道

小心台阶

残疾人专用

步行

过街天桥

安全出口

露天停车场

还有一些并不太常见的指令标志，你能猜出它们是什么意思吗？把标志相对应的文字与图形连在一起。

必须穿防护服

必须桥上通过

必须戴防护帽

必须用防护屏

清洁清扫

必须穿救生衣

必须戴安全帽

必须戴防尘口罩

必须戴防毒面具

必须戴防护眼镜

黄鼠狼与鸡

在很久以前,黄鼠狼和鸡国是邻居。黄鼠狼对鸡们一直是跃跃欲试,每次一想到美味的鸡肉,口水差点都要流出来。只是由于鸡国的防卫特别森严,黄鼠狼一直没想到可行的办法,否则,那些善良的鸡们早就变成他的美餐了。

鸡国的安全会议如期举行,会议的重点依旧是关于鸡国的安全问题。鸡王和鸡后告诫所有的鸡:"不要忘记我们鸡国身处的危险,时不时就会有可怜的同伴丢掉性命。我们要采取措施,巩固鸡国的防卫。"

鸡王的话引起了鸡们的思考，他们都说："这真是一件可怕的事，我们绝不能让这样的事情再发生了。"鸡王严肃地说："只有加强防卫才能保证我们鸡国的安全，可能要辛苦你们了，鸡国的勇士们。"

会后，有六只鸡紧紧地守卫着鸡国的城门。这样一来，鸡国的防卫就万无一失了。鸡国森严的守卫使得黄鼠狼犯了难。一天，黄鼠狼真是饿极了，他说："饥饿席卷了我，要是还不能吃到美味的鸡肉，恐怕我就要被饿死了。难道那美味的鸡肉真的与我无缘吗？我只能这样眼巴巴地看着吗？这是多么可悲啊！"

黄鼠狼的眼睛左转右转，突然，他好像想到了什么办法。到底是什么办法？难道黄鼠狼是要给鸡送礼吗？或许是吧。

由于鸡们对黄鼠狼有很大戒心。黄鼠狼直接送礼物，他们一定不会收下的。于是，黄鼠狼找来他的朋友山猫先生。山猫先生和鸡国国王一直是好朋友,黄鼠狼对山猫说:"山猫先生,我忠实的朋友,这件事我恐怕只能拜托给你了。"

山猫问:"我的朋友,我十分愿意为你效劳,到底是什么事情?"

黄鼠狼说:"山猫先生,你知道我十分愿意与鸡国建立友好往来,但我却不能走近他们,我多么希望你能把我的好意告诉他们。"

"这是多么简单的一件事,我想我完全能办到。"山猫拍着胸脯说。

没过多久,鸡王和鸡后便收到了一份山猫带来的,黄鼠狼交托的薄礼。

鸡王对鸡后说:"我觉得黄鼠狼并没有想象中的那么可怕,或许我们也可以和他成为朋友,我们应该对他友好点!"

鸡后说:"那就照你说的办好了。"于是,鸡王下令,邀请黄鼠狼一起共进晚餐。

黄鼠狼如期赴约了,与鸡王和鸡后一起共进了丰盛的晚餐。在晚餐宴会上,黄鼠狼还为鸡王和鸡后表演了节目,逗得看节目的鸡王、鸡后和所有的侍卫捧腹大笑,他们都把黄鼠狼当成了朋友。

从那天以后,鸡国的守卫对黄鼠狼也没有那么敌意了,黄鼠狼为了进一步取得他们的信任,又给他们送了礼物。侍卫们对黄鼠狼的防范一天比一天松懈了。

鸡守卫们的松懈使得黄鼠狼先生高兴极了,他心想:"我终于快要吃到美味的鸡肉了。"

危险终究还是降临到了鸡国。天空中美丽的月光见证了这件可怕的事情的发生。你瞧,

黄鼠狼来了，他走进鸡舍简直就像回到了自己家，鸡守卫们似乎没有看到他，或是他们已经看见了，只是有意给黄鼠狼开了绿灯。

黄鼠狼闯进了鸡王和鸡后的宫殿，拼命地追逐鸡王和鸡后，鸡王大声地呼喊："鸡国的守卫呢？是谁让他进来的？"可鸡王刚跑了两步，就被黄鼠狼追上，并咬断了喉咙。即将走向死亡的鸡王，心里愧疚极了，他说："我真是不应该相信黄鼠狼说的话，更加不应该因为一点甜头使自己受到蒙蔽，犯下不能挽回的错误。"

和爸爸、妈妈一起分享

"鸡王实在太爱贪小便宜了,看,最后他连命都丢了。"讲完故事,硕硕总结说。

我很赞同孩子的观点,"鸡王以前也是很注意防卫的,可是后来他放松了警惕,为什么呢?"

"因为鸡王被一点礼品蒙蔽了双眼,放松了警惕,最后被黄鼠狼吃掉了。"

"真聪明,一下子就说出了事情的关键"。我鼓励他说。生活中也是如此,无论大人还是孩子,都不要被一点点利益蒙蔽双眼哦!

威海市聂百硕妈妈 耿明慧

小朋友,关于这个故事你有什么话要说,写到下面吧!

_____
_____
_____
_____

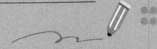

偷鸡行动

经过"鸡王事件"后,鸡国上下全国戒严,你还能帮助黄鼠狼吃到鸡吗?只能走空地,不能碰到鸡守卫。

入口 ▼

空	鸡	鸡	空	鸡	鸡	鸡	鸡	鸡	鸡	空	鸡	鸡	鸡
鸡	鸡	鸡	空	空	鸡	鸡	鸡	空	鸡	鸡	鸡	鸡	鸡
鸡	鸡	鸡	空	鸡	鸡	鸡	鸡	鸡	鸡	鸡	鸡	鸡	鸡
鸡	鸡	鸡	空	空	鸡	鸡	空	鸡	鸡	鸡	鸡	鸡	鸡
鸡	鸡	鸡	鸡	空	空	空	蛋	鸡	鸡	鸡	空	鸡	鸡
空	鸡	鸡	鸡	鸡	鸡	空	空	鸡	鸡	鸡	鸡	鸡	鸡
鸡	鸡	鸡	鸡	鸡	鸡	空	鸡	空	鸡	鸡	鸡	鸡	鸡
鸡	鸡	鸡	鸡	鸡	鸡	空	空	空	鸡	鸡	鸡	鸡	鸡
鸡	鸡	鸡	鸡	鸡	鸡	鸡	鸡	空	空	空	空	空	空
空	鸡	鸡	鸡	鸡	鸡	鸡	鸡	鸡	鸡	鸡	空	鸡	空

▼ 出口

男女洗手间大搜查

不知道你有没有注意到,在不同的场合,洗手间的男、女标志也不同。这些标志你都能够分清楚吗?下面请你依据不同场合,把正确的标志字母填到( )里。

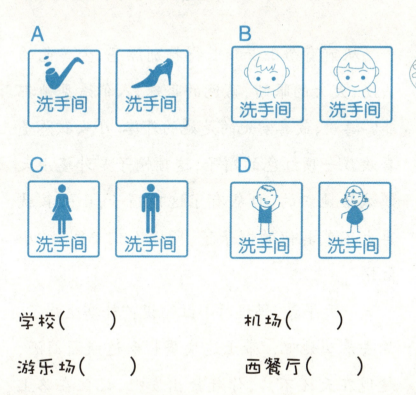

学校( )　　　　机场( )

游乐场( )　　　西餐厅( )

戴红帽子的小女孩

从前有个小女孩长得特别漂亮，金黄色的头发，大大的眼睛，蓝色的眼珠，人们看见她都非常喜欢，最喜爱她的是她的外婆。小女孩总是喜欢戴一顶红色的帽子，这顶帽子是外婆用天鹅绒给她织的，自从有了这顶帽子，小女孩就再也不戴其他的帽子了，所以人们都叫她"小红帽"。

一天早晨，妈妈对小红帽说："外婆生病了，你去看望她吧，带上这块蛋糕和这瓶葡萄酒，趁现在天还不热，你赶紧出发吧，记住在路上要好好走,不要跑,也不要离开大路,否则你会迷路的,见到外婆别忘了说'早上好'。"

"我会小心的。"小红帽对妈妈说,并且还和妈妈拉钩做保证。

"今天天气真是好极了!"一只大灰狼说道。这时他看见一个美丽的小女孩正从远处走来。大灰狼纳闷:到底会是谁?你瞧,她的头上戴着一顶红帽子。哦,原来是小红帽。

大灰狼对小红帽说道:"小红帽,这么早你要到哪里去?你瞧,这里的风景真是美极了!"

小红帽说道:"这里风景的确很美,但我可怜的外婆却无法看到,她生病了,我要去看望她。"

"你外婆住在哪里呀,小红帽?"大灰狼问。

"进了林子还有一段路呢。她的房子就在三棵大橡树下,低处围着核桃树篱笆。你一定知道的。"小红帽说。

大灰狼暗自盘算着:这小东西细皮嫩肉的,味道肯定比那老太婆要好。我要研究一下策略,让她俩都逃不出我的手心。于是大灰狼说:"小红帽,你瞧,路边的花多么漂亮,要是你的外婆看到这些,说不定她的病会好得快些!"

小红帽觉得大灰狼说得很对,于是就采起花来,不知不觉就离开了大路,走进了树林深处。

此刻,大灰狼先生去了哪里,你猜到了吗?原来他趁机跑到了外婆家。

咚咚咚!

"谁呀?"外婆问道。

"小红帽。"大灰狼回答道。

"门没锁,进来吧!"外婆说。

大灰狼二话没说就冲到外婆的床前,把外婆吞进了肚子里。然后他穿上了外婆的衣服,戴上了她的帽子,还拉上了帘子,躺在了床上。

可这时小红帽还在采花,直到采了许多许多,她都拿不了了,才想起外婆,又重新上路去外婆家。

令小红帽奇怪的是,外婆家的门竟然开着。她一边轻轻地敲门一边大声叫道:"早上好!"却没听到外婆的声音。她径直走了进去,看到外

婆躺在床上,还拉上了帘子。

"亲爱的外婆,你的耳朵简直是太大了。"小红帽说。

"那样我才能够听到你的声音。"大灰狼说。

"你的胳膊也太长了。"小红帽说。

"那是为了能够和你拥抱。"大灰狼说。

"你的嘴巴太大了!"小红帽说。

"那样可以一口把你吃掉!"大灰狼说。

说完,大灰狼就跳了起来,把小红帽吞了下去。

原来,小红帽的外婆早已被大灰狼吃掉了,现在就连小红帽也遭遇了危险。大灰狼高兴极了,不一会儿就进入了梦乡,还打起了震耳欲聋的呼噜。

这时,一位猎人从外婆家经过,觉得呼噜声很奇怪,便走进屋来看看究竟。

当他看到狼时,惊呆了,他说:"你这坏家伙竟敢来到这里,看我怎么收拾你。"猎人刚要开枪,看到狼的肚子里似乎有什么在动,猎人明白了:一定是你把外婆吃掉了。于是猎人剪开大灰狼的肚子,小红帽和外婆从里面爬了出来。小红帽说:"狼简直坏透了,我竟然把他当成了一位绅士,真是不应该!"说完,小红帽找来了几块石头放到了狼的肚子里,奶奶用针线将狼的肚子缝好。

狼醒来之后,由于肚子里装的石头太沉了,走起路来一晃一晃的。他走到河边,想要喝水,结果一不小心,掉进河里淹死了。

猎人剥下狼皮带回了家。

小红帽拿出蛋糕、葡萄酒,和外婆美餐了一顿。小红帽说:"我真不应该离开大路跑进森林,更不应该让狼知道外婆的家在哪里,下次我一定不会再犯这样的错误了!"

外婆慈祥地对小红帽说:"下次,我也一定会把门锁得紧紧的,不让坏人进来!"

和爸爸、妈妈一起分享

小红帽的故事可以说家喻户晓了,我小的时候读完这个故事,心里是很震撼、很有感触的。可是我的孩子读完故事,只吵着跟我要一顶小红帽,和故事主人公一样的一顶漂亮的小红帽。

我试图向她说明,故事里的小红帽只是一个普通的衣服饰品,并不是流行风向标,可是她只在意什么样的红帽子最可爱。

算了,爱美是女孩的天性吧,以后的生活还长,让她慢慢明白生活的道理也是可以的。

哈尔滨市陈润熙妈妈　李玉静

小朋友,关于这个故事你有什么话要说,写到下面吧!

_____

_____

_____

轻松一下 Game

狼在哪

请你快速从小红帽的家里找出大灰狼。

```
      狼狼狼狼狼狼狼狼狼
    狼                 狼
   狼                   狼
  狼                     狼
 狼                       狼
狼狼狼                 狼狼狼狼
   狼                   狼
   狼                   狼
   狼                   狼
   狼                   狼
   狼                   狼
   狼                   狼
   狼                   狼
    狼狼狼狼狼狼狼狼狼狼
```

兔子新娘

亲爱的朋友,要是有一天你到了一个完全陌生的环境之中,遇到了完全陌生的人你会做些什么?恐怕也只有逃离了吧?又或许你会说:"我根本就不相信什么陌生人,自然不会有什么可能使我去一个陌生人的家。"亲爱的朋友,要是故事中的小女孩也像你这样警惕,不轻易相信陌生人的话就好了。

到底是怎么回事?请接着看吧,你就知道了。

小女孩和妈妈居住在一个漂亮的花园里,

花园里种满了卷心菜。或许是因为这花园太美了,又或许是因为卷心菜太过于美味了,一只兔子偷偷地跑来,欣赏完美丽的景色后,总是不忘品尝几口卷心菜的味道。然而,小女孩的妈妈却并不喜欢兔子的到来。

妈妈对小女孩说:"可怜的卷心菜就要被兔子吃光了,你快去花园把他赶走。"

小女孩对兔子说:"喂!兔子,可怜的卷心菜就要被你吃光了,我不得不请你离开。"

兔子顽皮极了,他对小女孩说:"美丽的女孩,请你去我家玩吧。"

小女孩仿佛完全没有听到兔子说的话,转身离开了。

没过多久,兔子的身影又出现在美丽的花园中,妈妈对小女孩说:"瞧,那只兔子又来吃卷心菜了!赶紧把他赶走,并且警告他不许再来。"

小女孩跑出来对兔子喊道:"你这只可恶

的兔子,怎么又来了,卷心菜都快被你吃光了,赶紧走吧,以后不许再来了。"

兔子对小女孩说:"美丽的小姑娘,请你坐到我的尾巴上,去我家吧!"

小女孩拒绝了。

不久,兔子再次来到小女孩家,坐在卷心菜上。妈妈看到后再次让小女孩去赶走兔子。

小女孩对兔子说:"你真是太可恶了,怎么又来了,难道你非要把我们的卷心菜吃光吗?"

兔子说:"美丽的小女孩,我是来请你去我家的,只要你去我家,我就不再来吃卷心菜了。"

小女孩答应了,坐到了兔子的尾巴上。他们走了很久才到兔子家,兔子对小女孩说:"美丽的女孩,就请答应做我的新娘吧。很快,你就会见到我所邀请的客人了,要是你不想让他们失望,就请快些准备午餐。"

美丽的小女孩极不情愿嫁给他,因为他是一

只兔子,而不是人。兔子对小女孩说:"我的客人就要到了,快点去开门。"那位兔子邀请的客人果真到了,但小女孩却觉得很奇怪。原来,兔子所邀请的客人竟然是奶牛和狐狸。

小女孩心想:"这是一个多么可怕的地方,我必须尽快离开,可是我到底该怎么办呢?"小女孩一时没有想到离开的好办法。

兔子再一次来到了厨房中,他生气极了,对小女孩说道:"要是你不想让我的客人等太久,就请你快点做饭。"听了兔子的话,小女孩非常着急,这时,小女孩发现锅边放着一个稻草人,她对稻草人说:"稻草人小姐,你真是应该穿上我的衣服。"于是,女孩将自己的衣服给稻草人穿上,并且给它一把勺子装成正在搅拌锅里煮的东西的样子,自己偷偷地跑回家了。

过了一会儿,兔子再次来到厨房,大声喊道:"拜托你快点,真是不应该让客人等那么

久,客人的肚子都饿了,快点开饭!"然而,兔子却没听到任何回答,这使他很生气。于是,他挥起了自己的拳头。结果,兔子打掉了稻草人的帽子,发现这不是小女孩,伤心极了。

和爸爸、妈妈一起分享

"我觉得小女孩的做法很危险,如果她不能及时逃出来,也许就要嫁给兔子了,你觉得呢?"我问小西。

"兔子太可恶了,人家小女孩明明不想嫁给他,他却还是硬要娶。"小西回答。

我告诉他:孩子,现实生活中这种兔子并不少,他们有着和我们一样的外表,却做着可恶兔子做的事情。为了自己的愿望,勉强别人,不在乎别人的感受。

而不被这样的恶兔子伤害的办法,只有意志坚定地远离他们。

小西问我,如何知道谁是恶兔子?

这要用很久的时间才能学会分辨呢。

重庆市王浚西爸爸 王朝龙

小朋友,关于这个故事你有什么话要说,写到下面吧!

最怕出现的错误

生活中,当我们到达一个场所或者办一件事情的时候,会有一些特别重要的关键词。我们必须要仔细核对这些关键词,不然弄错了,可就麻烦了。

请你将下列事物的关键词,填在相应的位置。

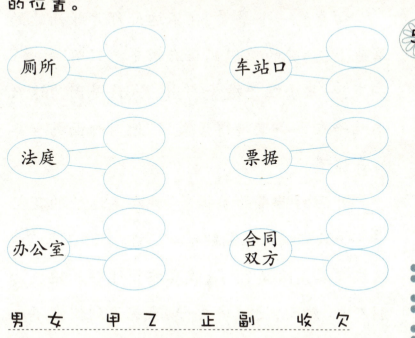

男 女 甲乙 正副 收欠 出 入 原告 被告

小鸭子找家

初春的一个早晨,在不远处那片绿油油的草地上,勤劳的鸭妈妈正在孵蛋。只听"咔嚓"一声,一只小鸭子破壳而出。或许是因为这只小鸭子在蛋壳里待得太久了,他对外面的世界好奇极了。

外面的世界的确很美,就在不远处的花丛中有一只蝴蝶正在翩翩起舞。小鸭子暗自想:"这只蝴蝶真是太美丽了,我真希望能够和她成为朋友。"然而,没过多久,蝴蝶就飞到树上不见了。"哎!美丽的蝴蝶你为什么不愿意等等我?"小鸭子的话语中充满了叹息。

刚刚破壳而出的小鸭子对这里的一切充满了好奇,他都忘记和自己的妈妈打个招呼,就跑到草地上玩耍起来。

时间就这样过去了,小鸭子已经不像刚出生时那样脆弱,而是变得硬朗多了,已经学会了跑步和游泳。

慢慢地小鸭子发现草地上只剩下了自己,才想起自己的妈妈来,他失落极了。"妈妈,您到底去了哪里,或许您已经回到了家,我一个人在这里简直太孤单了,但我不知道我们的家到底在哪里?"小鸭子的心里别提有多着急了。小鸭子,东走走,西看看,心想:"要不是我太贪玩了,也就不会和妈妈走散了,我到底要怎样才能找到我的妈妈?"

小鸭子终于走出草地,在一座土房子面前停住了脚步,"咚咚咚",小鸭子轻轻地敲了几下门,这时一只小狗走了出来。

小鸭子问:"这里是我的家吗?"

小狗说:"这里是我的家,我想你一定是迷路了,我倒是很愿意请你进来坐坐。"

小鸭子说:"感谢你的好意,我只想回到我的家,找到我的妈妈。"

小狗说:"小鸭子,或许你的家离这儿不远了,我觉得你应该到前面去看看。"

小鸭子和小狗告别后继续向前走。

这一次,小鸭子的注意力被一座木头房子吸引了,他轻轻地敲了敲门,小猪从屋里走了出来。

小鸭子问:"这里是我的家吗?"

小猪说:"这里当然不是了,不过要是你累了,进来坐坐倒是没有什么问题。"

"非常感谢你的好意,然而我只想快些找到我的妈妈。"

小鸭子说完便离开了小猪家。小鸭子走着走着,在鹅的家门前停住了脚步,小鸭子对鹅说:"这里是我的家吗?"

鹅说:"这里当然不是了。"

"我到底要怎样才能找到我的家,找到我的妈妈?"小鸭子心里难过极了。他呜呜地哭了起来。就在这时,一位和小鸭子长得极像的鸭女士走了过来。

鸭女士问:"孩子,你怎么哭了?"

"我在草地上迷路了,找不到我的妈妈了。"

鸭女士说:"孩子,请擦干你的眼泪吧,我想你已经找到你的妈妈了。"

小鸭子疑惑地问:"难道您就是我的妈妈?"

鸭女士说道:"傻孩子,我当然就是你的妈妈了,是我把你丢到草地上了。"

"亲爱的妈妈,要不是我太贪玩,可能就不会迷路了,现在我终于找到您了。"小鸭子激动地说。

鸭妈妈带着小鸭子回了家。鸭妈妈对小鸭子说:"亲爱的孩子,你瞧,这就是我们的家了,我们的家是一座漂亮的木板房子,房子里还住着你的哥哥姐姐们。"

"原来,这就是我们的家了,亲爱的妈妈,我再也不会因为贪玩让您为我担心了。"小鸭子扑到妈妈的怀里说道。

和爸爸、妈妈一起分享

今天孩子的作业是写一篇读后感，俊博读过这个故事后，很有感想，于是决定写这篇故事的读后感。

他的作文中有一句话是这样写的："小鸭子能被妈妈找到，是一件幸运的事情。但不是所有走失的孩子都能被父母找到。"

是啊，我告诉他，你不知道父母找不到孩子时那种心急如焚的心情。所以在外出时，也许母亲会啰嗦、唠叨一些，但这一切，都是为了能够长久地看到你在她身边健康成长。所以请给母亲多一些理解。

北京市刘俊博妈妈　李雪华

小朋友，关于这个故事你有什么话要说，写到下面吧！

轻松一下 Game

与鸭子有关的诗词

有一些关于鸭子的诗词，妙趣横生，我们快去读读吧。

初夏游张园
【宋】戴敏

乳鸭池塘水浅深，熟梅天气半晴阴。
东园载酒西园醉，摘尽枇杷一树金。
【注释：乳鸭指的是刚孵出不久的小鸭。】

惠崇春江晚景
【宋】苏轼

竹外桃花三两枝，春江水暖鸭先知。
蒌蒿满地芦芽短，正是河豚欲上时。
【"春江水暖鸭先知"，可是名句，要记住哦！】

小蜜蜂梅雅

此刻,花园里的鲜花早已盛开,鲜花所吐露出的芬芳弥漫了整个花园,勤劳的小蜜蜂们心里着了急,她们再也不愿等待了,春天的气息将她们深深吸引了。

不一会儿,她们就成群结队地飞到了花园中。小蜜蜂们的注意力很快就落到了那些开放的花朵上,她们贪婪地吮吸着花蜜。

有一只小蜜蜂却在去花园的途中迷路了。她就是小蜜蜂梅雅。好奇心驱使着小蜜蜂梅雅一会儿看看这儿,一会儿又瞧瞧那儿,就在小蜜蜂梅雅被外面世界中的美丽景色陶醉时，她的同伴越飞越远。终于，小蜜蜂梅雅掉队了。

或许是因为梅雅太累了，她急切地希望能够找到一个可以休息的地方，她飞呀飞，终于来到了一片大森林中。这片森林看起来还真是茂密，梅雅觉得这个地方再合适不过了。就在梅雅准备休息的时候，一只令人讨厌的苍蝇飞了过来。

苍蝇对梅雅说："你这个讨厌的家伙，未经同意竟敢私闯我的领地，我看你还是走开的好。"

梅雅似乎愣住了，一时不知道该说些什么。

就在这时，风度翩翩的蜻蜓王子刚好从远处飞来。他对梅雅说："蜜蜂小姐，就让我来替你教训他好了。"蜻蜓王子刚一说完话，便将苍蝇吞了下去。

饱餐后的蜻蜓王子高兴极了，他和小蜜蜂

梅雅一起飞走了。他们来到了一片水塘附近，这片水塘里的水非常清澈，隐隐可见水中的泥土，但这水中的荷花却没有受到一丝的影响，在荷花的叶子以及花瓣上你根本看不到任何的污垢。

然而，这美丽的背后却暗藏着危险，就在蜻蜓王子准备到水塘中喝水的时候，一只大青蛙突然从荷叶下蹿了出来，他伸出舌头就要向蜻蜓扑去。虽然，此刻蜻蜓王子已经陷入到危险之中，但他却没有害怕，只见他飞快地扭了下身子，便躲过了大青蛙的偷袭。大青蛙心想："哎，我竟然让他飞走了，真是不甘心，看来我得抓紧发起第二次攻击才行。"

"哎，可怜的

蜻蜓王子,此刻你正在遭遇危险,然而我却不知道应该怎样帮助你!"小蜜蜂梅雅悲哀地说道。她一会儿飞到这里,一会儿又飞到那里,终于想出了一个办法。

只听梅雅对青蛙大声喊道:"你一定不知道吧,在这附近有一条蛇正在孵蛋,要是你惊动了她,恐怕你就……"

青蛙听了梅雅的话,心里想:"看来我必须放弃进攻了,要是真的惊动了蛇,恐怕我就危险了。"大青蛙还没有等到梅雅说完,便回到了水中。

蜻蜓王子说:"蜜蜂小姐,要不是有你,我可能就要在这世上消失了,真是要谢谢你。"

"你不是也帮助过我吗,能够遇见你,我真感到高兴。"梅雅说,"可我的伙伴们,你们到底去了哪里?"梅雅想到自己与小伙伴们走散后,心里着了急。于是,梅雅和蜻蜓王子告别后便飞走了。

然而,就在梅雅即将起飞的时候,她不小心撞到了蜘蛛网。梅雅在蜘蛛网上挣扎了半天,却依旧无法脱身。就在这一危急时刻,蜗牛大叔出现了,他花了好大的力气才将蜘蛛网撞破,救出了梅雅。

蜗牛大叔说:"现在你知道这外面世界的危险了吧,你真是不应该一个人出来。"

"哎,我真是太贪玩了,得快些找到我的家人。"梅雅说。

蜗牛大叔看了一眼蜻蜓王子,对梅雅说:"你一个人回家,我们还真是不放心,倒不如我们送你回去好了。"

"对,我们一起送你回去吧,梅雅,你的家到底在哪里?"蜻蜓王子问道。

"你瞧,不远处那个漂亮的城堡就是我的家。"听梅雅说完,他们便出发了。

"你到底还小,不如我经历的事情多,在我年轻的时候……"一路上,蜗牛大叔给蜻蜓王子和梅雅讲起他年轻时的冒险故事。不久,蜗牛大叔和青蛙王子就把梅雅送回了家。

后来,小蜜蜂梅雅再也没有一个人在外面乱跑过。

和爸爸、妈妈一起分享

梅雅的奇妙旅程让翔睿很向往，他也很期待能够有这样一次旅行。我告诉他，妈妈支持他多出去走走，增加见闻，但是要注意安全。不要像故事的梅雅一样，她可是险象环生呢！

翔睿说周末就要去"探险"，好吧，既然他如此急切，这个探险就先从……公园开始吧。

虽然地点他不是特别满意，但是公园里的青山绿水、鸟叫蝉鸣，还是让人身心愉悦的。

希望其他家长也能多带孩子参加"探险"活动。

齐齐哈尔市燕翔睿妈妈　李云霞

小朋友，关于这个故事你有什么话要说，写到下面吧！

轻松一下 Game

脑筋急转弯

一起开动脑筋吧,看谁答得又快又准。

1. 什么东西咬牙切齿?
2. 什么花不会枯萎?
3. 北冰洋中间有什么?
4. 动物园什么动物说的算?
5. 山珍海味贵还是稀饭贵?为什么?
6. 小华写错字,为什么老师说他对了呢?
7. 老张二十多年一直卖假货,为什么大家却认为他是大好人呢?
8. 甲和乙离得十万八千里,却彼此能够听到对方的声音,为什么?

答案:1. 拉链。2. 塑料花。3. 冰。4. 人。5. 稀饭贵,因为"物以稀为贵"。6. 因为他写的是动物。7. 老张卖的是假发,帮助那些秃顶的人。8. 他们在打电话。

阴险的仙鹤

瞧,远处飞来一只漂亮的仙鹤,他的嘴巴又尖又长,羽毛洁白美丽。

人们指着天空中飞过的仙鹤说:"这仙鹤一定是饿坏了,他看起来那么瘦,也不知道他在天空中飞了多久?"

仙鹤没有听到人们的话,因为他锐利的眼睛在不停地四处观望。

突然他似乎看到了什么,心里欢喜极了。他喃喃地说:"我真是太幸运了,瞧,那边的湖水正泛着光呢,或许美味就藏在里面。"

仙鹤朝着湖的方向飞了过去,"原来是美味的鱼哟,要是我能吃到你们那简直棒极了。"仙鹤心想。

仙鹤轻巧地降落在湖边。望着鱼,一步一步走过去。

再看看那些可怜的鱼吧,看到仙鹤的到来,他们都害怕极了,纷纷躲了起来。

鱼儿们都躲起来了,仙鹤无法下手。仙鹤心里十分犯愁,望着美味的鱼,只能干着急。可没过多久,狡猾的仙鹤便想出了主意。

"要是我看都不看那些鱼儿们一眼,时间久了,他们就会以为我并不想吃他们。等他们放松警惕,我就可以轻松地吃掉他们。"仙鹤喃喃地说道。

于是,每天仙鹤来湖边散步时,总是把头抬得很高,装出一副无所谓的样子,对湖里的鱼儿们看都不看一眼。

时间长了,鱼儿们竟真的相信仙鹤不再打

他们的主意,对仙鹤放松了警惕。仙鹤看到鱼儿们不再怀疑他的动机,便开始行动了。

为了和鱼儿们拉近距离,仙鹤故意装出一副很苦恼的样子,哭了起来。鱼儿们问:"美丽的仙鹤,你怎么了?"

仙鹤说:"哎,我可怜的朋友们,听说人们将要放掉这湖里的水,到时候你们可怎么办呀?我真为你们难过!"

鱼儿们听了仙鹤的话,信以为真,都哭得

很伤心。

望着伤心的鱼儿们,仙鹤不动声色地说:"我知道有一个地方可以让你们过得很舒适,要是你们信得过我,我可以把你们带过去。"

这些鱼儿们真是太天真了,竟然真的相信仙鹤说的话。

听到鱼儿们的应允,仙鹤高兴极了。从此以后,他每天都会衔着一条鱼,飞过天边。

这湖里的鱼哟,你们到底去了何处,你们真的就如仙鹤所说过得舒适极了吗?恐怕不是那样的。

湖里的鱼儿们很快就见了底,湖里变得安静极了,天哪,这湖里究竟还有什么?只剩下一

只老螃蟹了。这只老螃蟹的命运又会如何呢?狡猾的仙鹤也会来打他的主意吗?

一天,仙鹤对螃蟹说道:"亲爱的螃蟹,你的伙伴们现在都过得舒适极了,要是你信得过我,我也可以让你过上那样的生活。"

螃蟹听了有些怀疑,他对仙鹤说:"要是你答应让我夹着你的脖子,我便让你带我去你所说的好地方。"

仙鹤答应了螃蟹的请求。自以为是的仙鹤一定想不到这只螃蟹精明极了,仙鹤带着螃蟹来到了之前湖里鱼儿们的安息之地。

仙鹤从天上飞落下来,螃蟹落地后见到的不是清澈的湖水,而是白色的鱼骨头。精明的螃蟹顿时明白了,他气愤极了。

螃蟹对仙鹤说:"你这只狡猾的仙鹤,竟然把鱼儿们都骗了,今天我一定要替那些可怜的鱼儿们报仇。"

仙鹤听后害怕极了,他苦苦地哀求螃蟹

说:"仁慈的螃蟹,请你放过我吧,我知道我做了错事。"

螃蟹说:"那好吧,我就给你个机会,要是你还能把我送回到湖里,我会考虑留下你的性命。"

于是,仙鹤乖乖地带着螃蟹又回到了之前的大湖。不过螃蟹可不打算就这样放过仙鹤,不等仙鹤把螃蟹放回到湖里。螃蟹便挥动他的大钳子"咔嚓"一声,扭断了仙鹤的脖子。

和爸爸、妈妈一起分享

今天难得下班早,儿子缠着我给他讲故事,我就讲了这个故事。讲完儿子还追着我问:"爸爸,那些鱼呢?"太可爱了,竟然没听懂,也难怪,儿子刚三岁,这个故事对于他来说是有点难度。呵呵!

"儿子,鱼被仙鹤给吃掉了!"我做出一副很惊讶和惋惜的表情说,"仙鹤,那个坏家伙将带走的鱼都吃掉了!小鱼可怜吗?"

儿子难过地说:"可怜!"

"要是有陌生人带浚西走,浚西去吗?"

"不去。"

"要是给浚西买漂亮的玩具呢?浚西去吗?"

"不去啊!"

"浚西太棒了,对,不能跟陌生人走,那样太危险,也许就再也见不到爸爸、妈妈了。"

重庆市王浚西爸爸 王朝龙

小朋友,关于这个故事你有什么话要说,写到下面吧!

拓展阅读

大马哈鱼的故事

大马哈鱼是鲑鱼的一种,盛产于中国黑龙江,在那里曾经有这样一个传说。

马哈鱼妈妈产完卵,久久不肯离开自己的孩子,她会一直守在孩子的身边,刚孵化出来的小鱼还不会自己觅食,母亲担心自己的孩子会饿死,于是母亲就让孩子吃自己的肉来维持生命,母亲忍受着剧烈的疼痛,任凭小鱼们一口一口地撕咬,直到小鱼慢慢长大,自己却永远离开了这个世界,只剩下一堆骸骨。

大马哈鱼妈妈用生命诠释了"母爱如此伟大"这句话。

第十三个预言

很久以前,一位国王和王后结婚多年还没有孩子。国王和王后的心里别提有多着急了,于是,当他俩对上帝祈祷时,总是会说:"愿仁慈的上帝眷顾我们,赐予我们一个孩子吧!"

上帝似乎听到了他们的祈祷,没过多久,王后怀孕了。之后,生下了一个女孩。这个女孩长得简直太美了,看上去仿佛是一朵含苞待放的玫瑰花。

一天,国王对王后说:"我真是高兴我们有这样一个美丽的女儿,要是你没有什么意见,我想为她的出生庆祝一番。"

王后说："亲爱的国王，那就按你说的办好了。"

不久，王宫里便举行了盛大的宴会，来参加宴会的不仅有国王和王后的朋友，还有十二位女预言家。王国里一共有十三位女预言家，有一位坏心眼的女预言家没有收到国王和王后的邀请。

在这盛大的宴会上，被邀请的女预言家们纷纷举杯，送上对公主的祝福。她们有的为公主送上美貌，有的为公主送上智慧，还有的为公主送上美德。就在第十二位女预言家即将送上对公主的祝福时，一个相貌丑陋的女人打断了女预言家的话。只听这个女人说："我多么希望公主在十五岁那年，手指被纺锤扎伤而死。"原来，她就是那位没有被邀请的坏心眼的女预言家。听了她的话，在场的人都惊慌极了。

这时，第十二位女预言家看到这种情况，

对国王说:"尊敬的国王,请不要惊慌,公主只会沉睡一百年,事情绝不会再坏下去了。"

"但愿如此,愿仁慈的上帝保佑我的女儿,愿她能够平安长大。"国王说道。尽管,第十二位女预言家这样说了,但国王仍然不能放心王国里有纺锤的存在。于是,他下令将王国里的纺锤全部烧毁。

日子一天天过去了,公主长得更加聪明美丽,并且那些女预言家的祝福在她身上完全体现出来了。

或许是因为那位坏心眼女预言家的纺锤藏得太过于隐秘了,国王始终未能找到它。这一年,公主十五岁了,在公主生日的当天,国王和王后刚好外出。对王宫充满好奇的公主几乎看遍了王宫里的每一间屋子,只剩下一座钟楼还没有看过。公主心想:"这里面一定有什么新奇的东西,要是我能走进去就好了。"说来奇怪,钟楼的门竟然没有关严,公主轻轻一推便走了进去。公主看到这钟楼里有一位老婆婆正在低头干活,不禁好奇起来。

公主问道:"老婆婆,摆在您面前的是什么东西,您到底在忙些什么?"这位老婆婆长得丑陋极了,说道:"这就是纺锤了,我正在纺线。"

"这看起来真是有趣,我可以试一下吗?"公主问道。

"要是你喜欢,就试一下好了,我也该休息了。"

美丽的公主手指刚一碰到纺锤,便倒下了。"哈哈哈,你果真中计了。"那位老婆婆放声大笑起来。原来,这位老婆婆不是别人,正是当年那位坏心眼的女预言家,看到公主倒下便离开了。

在公主倒下的那一瞬间,一位好心的女

预言家出现了,她不禁感叹道:"可怕的事到底还是发生了,美丽的公主要是你醒来后,发现王宫里空无一人,我想你一定会害怕的,我还是让整个王宫和你一同睡去好了。"于是,整个王宫就这样沉睡了。

这位女预言家刚要离开的时候,她忽然想起了什么。"要是有人突然闯入王宫,这王宫里的人恐怕就会遭遇危险,我到底应该做些什么呢?"

原来,这位女预言家是为王宫的安全担心。"要是有什么东西能把王宫遮住,那样王宫就会安全了,看来,是时候施展一下我的魔法了。"于是,整个王宫便被玫瑰花树做成的篱笆团团围住了。

尽管这座沉睡的王宫已经躲在了玫瑰花树做成的篱笆之中,但人们依旧没有忘记这座王宫的真实存在,人们总是会说:"到底发生了什么?这王宫里的人,到底要等到何时才会醒来?"就连其他国家的王子也常常前来,想要挽救这座正在沉睡的王宫,然而他们所做的一切都是徒劳的。每当有人想要通过这玫瑰花树篱笆进入王宫时,玫瑰花树篱笆上的刺儿便会把人扎伤,并且由于这玫瑰花树篱笆越长越高,人们一走近它便不能够脱身了。从此,前来探望这座王宫的人可以说是越来越少。

一百年终于过去了。这天,又有一位王子来到这座沉睡的王宫。当王子走进玫瑰花树篱笆时，玫瑰花树篱笆竟然给王子让出了一条路，王子一走进去，这玫瑰花树篱笆便合上了。

王子终于来到了王宫，看到地上的狗躺在那沉睡；马厩里的马站在那沉睡；屋顶的鸽子藏到翅膀下沉睡；忙碌的人们停止了手中的工作在那沉睡……王宫里别提有多安静了，只能听到王子走路的脚步声。

王子的目光似乎被什么东西吸引了，他抬头一看，正是一座钟楼。王子便轻轻推开门走了进去。这时，他看到了睡得正香的公主，王子心想："这是多么美丽的一个女孩。"

王子忍不住吻了女孩一下，就在这时，公主醒来了，王子告诉了她所发生的一切。此刻王宫里的一切也都醒来了，恢复了往日的模样。

当国王和王后看到如此英俊的王子时，便答应把公主嫁给他。不久国王为王子和公主举行了盛大的婚礼。

和爸爸、妈妈一起分享

睡美人如果没有碰那个纺锤，也许就不会昏睡百年，我问明书，"如果是你，你会碰那个纺锤吗？"

明书想了一下："我也好奇呀，我想我会碰那个纺锤的，虽然知道很危险。这可怎么办呀？"

我告诉她，"这很正常，人人都有好奇心，关键是你要先尽可能了解未知事物的使用方法，然后再进行探索。这样可以将风险减少到最小。"

明书听完后，点点头，说以后遇到好奇却不知道的东西，会先问问妈妈，然后再碰它。

哈尔滨市李明书妈妈　万杰

小朋友，关于这个故事你有什么话要说，写到下面吧！

_____
_____
_____

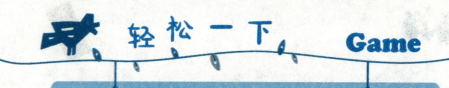

应变能力大考验

第一关:突发情况,如何应对?请将答案写在下面的横线上。

1. 独自在家,有陌生人来敲门,怎么办?

_____

_____

2. 回家的路上,遭遇雷阵雨,应该去哪里躲避?

_____

_____

3. 遇到同学中暑了,如何帮助他脱离危险?

_____

_____

4. 遇到打群架,怎么办?

_____

_____

第二关：判断题，正确的打"√"，错误的打"×"。

1. 遇到坏人，要勇敢与他搏斗。（　　）

2. 遇到好朋友被人欺负，要为朋友挺身而出，打抱不平。（　　）

3. 走路时，遇到下水井一定绕开走。（　　）

4. 主动给陌生人带路。（　　）

5. 在喧杂吵闹的地方玩耍。（　　）

第三关：思考题，说一说过马路时有哪些注意事项？

_____

_____

答案：1.×；2.×；3.√；4.×；5.×。

半条尾巴的狼

兔子一家生活在大森林里,兔妈妈有三个孩子,一个叫长耳朵,一个叫短尾巴,还有一个叫红眼睛。

三只小兔一直生活在兔妈妈的保护下,看,此刻他们正在屋里做游戏,蹦蹦跳跳地玩耍着,开心极了。

然而,小兔们并不知道危险就暗藏在这美丽的生活背后。

"今天天气真好,我的肚子又在咕咕叫了,听说在这附近住着兔子一家,真是应该去碰碰运气。"一只大灰狼说道。

于是,这位饥肠辘辘的大灰狼快步向小兔家走去。更不巧的是,兔妈妈临时要出一趟门,家里只剩下了三只小兔。

临走时,兔妈妈对三只小兔很不放心,一直嘱咐他们。三只小兔也很懂事,将兔妈妈的话一一记住。

终于,兔妈妈出门了,这三只小兔继续在屋里快乐地玩耍着,不时传出一阵阵笑声。

忽然,小兔们听到一阵敲门声,三只小兔心想:"真奇怪,门外的人到底会是谁呢?妈妈可是说过,在这美丽的大森林里住着一只长着灰色尾巴的大灰狼,要是他来了,我们恐怕就会遭遇危险。"

就在三只小兔心里充满疑惑的时候,门外的人竟然唱起了歌。只听他唱道:"小兔乖乖,把门开开,快点开开,我要进来。"

短尾巴对红眼睛和长耳朵说:"我想这门

外的人一定是我们的妈妈,我们打开门看看吧。"

长耳朵阻止了他,长耳朵说:"你难道不认为这个声音听起来太粗了吗?妈妈的声音不是这样的。"于是,这三只聪明的小兔谁也没有把门打开。

为了能够看清楚门外的人的真面目,红眼睛顺着门缝往外看,一条灰色的尾巴映入了他的眼帘,妈妈的话立刻浮现在他的脑海中。

于是,他对长耳朵和短尾巴说:"幸亏我们没有把门打开,门外藏着的正是可怕的大灰狼。"

"妈妈说过,大灰狼是一种凶狠的动物,他总是想要吃掉我们,我们应该怎么办?"三只小兔议论着。

就在这时,只听外面的大灰狼说道:"难道你们不相信吗?我就是你们的妈妈。"

"我们倒真心希望你是我们的妈妈,要是你想取得我们的信任就证明给我们看好了。"三只小兔对大灰狼说道。

大灰狼心想:"这又算得了什么,我可是威武的大灰狼,这森林中恐怕不会有谁比我更厉害了"。

于是,他对三只小兔说道:"小兔乖乖,请问,你们到底要我怎样证明呢?"

三只小兔说:"一会儿,我们会把门打开一条小缝儿,你要把尾巴伸进门缝里让我们看一看。如果你不敢,你就一定不是我们的妈妈。"

大灰狼心想:"为了这美味,我暂且答应你们的条件好了"。

于是,他小心地将尾巴伸进了门缝里。就在大灰狼刚把尾巴送进门缝的那一瞬间,三只小

兔狠狠地关上了门。

大灰狼的尾巴就这样被夹住了,大灰狼现在既逃不走,又撞不开门,进退不得,尾巴又很疼。

大灰狼烦躁地大叫起来,正巧这时候兔妈妈回来了。她手里拎着满满一篮子胡萝卜。

当她走到家门口时,不禁吃了一惊,大声地说道:"哦,天哪,这不是大灰狼吗?我的孩子真是太聪明了,就连大灰狼都能够打败。"

兔妈妈望着大灰狼气愤地说:"可恶的大

灰狼你竟敢来我的家里,看我怎么收拾你。"兔妈妈捡起地上的一根棍子,狠狠地向大灰狼打去。

"哎哟,疼死我了,我真是倒霉透了,不仅没有吃到美味,还挨了打,看来我必须要离开这里。"大灰狼说道。于是,他拼命地挣扎着,终于逃走了,但他的尾巴却断了。

要是日后你在森林中见到只有半条尾巴的大灰狼,可千万不要奇怪,这恐怕就是上帝对他的惩罚了。

和爸爸、妈妈一起分享

　　这个故事具有十分广泛的现实意义。生活中,可能会遇到需要孩子独自在家的情况。这种情况下,如果有陌生人敲门,要如何应对就至关重要了。

　　故事里的三只小兔子做得很好,他们不仅识破了大灰狼的诡计,同时还能发挥自己的聪明才智,与大灰狼斗智斗勇,使大灰狼落败而逃。

　　我告诉小豪,这个故事虽然是童话,不能直接运用到现实生活中,但是你依然可以学习三只小兔子拥有的警惕性,以及面对危险时冷静、镇定的态度。

青岛市邹志豪爸爸　邹世山

小朋友,关于这个故事你有什么话要说,写到下面吧!

轻松一下 Game

找不同

下面两张图片中有六处不同,请找出来。

狗、公鸡和狐狸

从前,在一个美丽的村庄里住着聪明的公鸡和热心肠的狗,他们是邻居。公鸡十分喜欢旅行,每当公鸡要出远门时,狗都会陪伴着他,时间久了,公鸡和狗便成了好朋友。

一天,公鸡对狗说:"亲爱的朋友,我多么希望开始一次新的旅行,要是你能够陪伴我,那就太好了。"

狗说:"要是你愿意,我们现在就可以出发。"

公鸡高兴极了,他走上前去和他的狗朋友紧紧地拥抱了起来。这一次,他们决定去森林里旅行。

在森林中,他们行进了很久,当他们走到森林深处时,夜已经深了。公鸡对狗说:"亲爱的朋友,我想你一定累了,我们该休息了。"

狗说:"你瞧,那边有棵空心树,恐怕再没有什么地方会比那儿更适合了。"

于是,公鸡飞到了树枝上,狗走进了树洞里。

一夜很快过去了,太阳的光辉赶走了黑暗,黎明到来了。公鸡在树上喔喔地叫了起来,他要提醒森林中的动物们,清晨已经来到了。大多数动物仍旧沉浸在睡梦中不愿醒来,倒是狐狸最先听到了公鸡的叫声。他飞快地从洞里跑了出来,左看看,右瞧瞧,好像在寻找着什么东西。当他看到站在树枝上的公鸡时不禁流出了口水。

狐狸喃喃地说:"这讨厌的公鸡偏偏站在了那样高的树枝上,我要想个办法让他下来才行。"

"但我到底应该怎么做呢？有了，这真是一个好主意。"狐狸一边思索着一边说，"要是公鸡听到我的赞美，心里一定会高兴的。"

狐狸来到树下，恭敬地对公鸡说："公鸡先生，你的嗓音简直太美了！太悦耳动听了！我多想拥抱你，多想和你一起唱支小曲。"再看看公鸡，他依旧站在树枝上，一点也不愿移动他的身子。

狐狸似乎看出了什么，他对公鸡说："公鸡先生，难道你不愿意相信我吗？"

"怎么会呢，只是这树枝太高了，我需要我的朋友在下面接着我。"公鸡说。

"哦，原来是这样，你的朋友，他在哪里？"狐狸急切地问。

"我的朋友就在我站立的这棵树的树洞里，希望你能叫醒他，让他在下面接住我，这样我就可以安全地下来了。"

为了能够吃到美味的公鸡肉，狐狸只好去

叫了门。狐狸对着树洞说:"我想你一定就是那位公鸡先生的朋友了,拜托你开开门。"

躲在树洞里的狗听到狐狸的喊声,出来一看,很是疑惑!公鸡在这时,又将狐狸准备诱骗他的事情告诉了狗。狗知道后,生气极了。向前一扑,便把狐狸压住,他伸出锋利的爪子一下子就把狐狸抓住了,并死死地咬住了狐狸的脖子,直到狡猾的狐狸没有了呼吸,狗才放开他。

公鸡和狗又继续他们的旅行了。

和爸爸、妈妈一起分享

"真是一只聪明的大公鸡!"读完这个故事后,赫赫忍不住夸奖道。

"你猜猜,大公鸡从什么时候开始发现狐狸的坏心思的?"我问。

赫赫想了一下说:"应该从一开始,因为狐狸无论怎么引诱他,他都不下去。"

"真聪明!大公鸡发现了狐狸的意图,并且将计就计,消灭了狐狸。赫赫如果有坏人想要带你走,你会怎么做呢?"

"我会叫警察叔叔!"

这是一个不错的方法呢!

天津市任赫妈妈 张立坤

小朋友,关于这个故事你有什么话要说,写到下面吧!

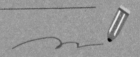

轻松一下 Game

地名猜一猜

根据下列词语猜我国的一个城市名。

头破血流——（ ）

收到信件——（ ）

一路平安——（ ）

金银铜铁——（ ）

两个胖子——（ ）

空中码头——（ ）

平静的海面——（ ）

夏天穿棉袄——（ ）

咆哮的大海——（ ）

心与心的交流——（ ）

春城无处不飞花——（ ）

答案：

包头；烟台；旅顺；无锡；合肥；连云港；宁波；武汉；怒海；大连；银川。

忘带"心"的猴子

在非洲有一条十分宽广的大河,一条鳄鱼就生活在这条河里,他平常总是懒洋洋的,任太阳的光芒洒在他的身上,要不是岸上有猎物走来,他根本不会动一下。

在大河的中心有一个小岛,岛上生长着许多高大的香蕉树。在岸边便能看到岛上的香蕉树。在这条河的岸边生长着许多美丽的棕榈树,太阳把棕榈树的影子深深地倒映在了水中,棕榈树看起来歪歪斜斜的。它高大的树干,宽阔的树叶,总能在正午的骄阳肆虐时,带来一片阴凉。

　　一天,鳄鱼的注意力被一个在棕榈树上玩耍的小猴子吸引了,心想:"猴子的心不知道是否可口,真可惜,我还没吃过呢,现在就有个机会尝一尝,我要怎样说他才能下来呢?"

　　鳄鱼思索了很久,终于想到了一个好办法,他对猴子说:"猴子兄弟,你一定不知道这河里多有趣,不下来看看,你不觉得可惜吗?"

　　小猴子心想:"真是奇怪,这鳄鱼到底打的什么主意。"于是,他对鳄鱼说道:"鳄鱼先生,感谢你的好意,我还是更喜欢在树上跳跃。"

　　"真是没有想到,这猴子竟然这样难骗,看来我还要再动动脑筋了。可我到底该说些什么?对了,猴子不是很喜欢香蕉吗,瞧,他已经玩耍了那么久,也该觉得饿了。"鳄鱼心想。

　　鳄鱼皱了皱眉头,似乎想到了什么。他大声地说:"猴子兄弟,瞧,你已经玩耍了那么久,一定饿了吧,在河中心的岛上生长着很多香蕉树,你想去吗?"

猴子心想:"香蕉可是我的最爱,只是这小岛对我有些遥远,恐怕我自己游不过去。"

"鳄鱼先生,你说的地方简直太遥远了,我不会游泳,恐怕很难过去。"小猴子说。

"这又有什么关系,要是你相信我,就请骑到我的背上来,我送你过去。"

"那好吧,那就拜托你送我过去了。"说着,小猴子便跳到了鳄鱼的背上。

鳄鱼看到趴在自己背上的猴子,得意地想:小猴子,你终究还是上钩了。鳄鱼驮着猴子在河里游呀游,突然,鳄鱼把身子沉到了河里。

小猴子连忙问道:"鳄鱼先生,我们不是要去河中心的岛上吗,你怎么突然沉到河里去了?你这样做会把我淹死的。"

"猴子兄弟,你真是天真,我不过是为了吃到你的心。"说着鳄鱼便张开了他的大嘴巴,露出了锋利的牙齿,向猴子扑去。

看着鳄鱼就要扑向自己了,猴子心里害怕极了,他对鳄鱼先生哀求道:"鳄鱼先生,我知道我跑不掉了,你能听我说两句话吗?"

"你想说什么就尽管说吧,最好别要什么花招。"

"鳄鱼先生,我今天出来忘记带心了,我可以回去取一下吗?"

"要是你一去不回可怎么办?"鳄鱼先生有些担心地问。

"我想我不会这样做,要是你不相信我,可以把我丢到河里。"

"那好吧,我就相信你这一次,请快些跳到我的背上。"

鳄鱼驮着猴子在河里游呀游,终于游到了岸边。就在这时,小猴子纵身一跃跳上了岸,他急忙爬到树上,再也没有下来。

他对鳄鱼说:"鳄鱼先生,感谢你送我上岸,真是辛苦你了。"

鳄鱼这时才明白,原来小猴子是在骗他。他

懊悔地说:"哎,猎物就这样从我眼前溜走了,我真是太笨了。"望着眼前美丽的棕榈树,以及在树上蹦蹦跳跳的小猴了,由于不会爬树,鳄鱼只好惆怅地离开了。

和爸爸、妈妈一起分享

今天给子炀讲故事的时候，在猴子答应鳄鱼，骑在他的背上过河时，子炀紧张极了，一直说："小猴子太没有安全意识了，怎么轻易就能相信鳄鱼的话呢？"

果然不一会了，鳄鱼就暴露了真面目。子炀一直担心着，直到小猴子发挥才智，最终安全上岸，子炀才松了一口气，"太吓人了！"

"确实，小猴子的做法实在太惊险了，子炀可不能学小猴子的做法。"

子炀撇撇头，一副我小瞧了他的样子。

哈尔滨市张子炀爸爸　张云广

小朋友，关于这个故事你有什么话要说，写到下面吧！

轻松一下 Game

绕口令

下面绕口令分为不同级别难度,快看一看你能说到哪个级别?

初入江湖: 酒迷喝酒。

小有才气: 九个酒迷喝醉酒

名动一方: 九月九,九个酒迷喝醉酒

成熟发展: 九月九,九个酒迷喝醉酒。九个酒杯九杯酒,九个酒迷喝九口。

实力深厚: 九月九,九个酒迷喝醉酒。九个酒杯九杯酒,九个酒迷喝九口。喝罢九口酒,又倒九杯酒。

一代宗师: 九月九,九个酒迷喝醉酒。九个酒杯九杯酒,九个酒迷喝九口。喝罢九口酒,又倒九杯酒。九个酒迷端起酒,"咕咚、咕咚"又九口。

牛栏里的鹿

夏日的一天,一头鹿正在草地上快乐地吃草,一只猎狗发现了他,猎狗伸出锋利的爪子,露出尖尖的牙齿,一下子就向鹿扑去。

鹿被吓了一跳,拔腿就跑。鹿在前面跑,猎狗在后面追。

不知过了多久,这头鹿看到了一个农家院。心想:"如果我钻到院子里面,那只猎狗或许就看不到我了。"于是他一头跑进了农家院里,惊恐不安地混在牛群里躲藏起来。这样一来,鹿果真在猎狗的视野中消失了,猎狗看不到鹿的踪影也只好失望地离开了。

牛群中的一头牛看到了这一切,他对鹿说:"喂!你终于甩掉了那只猎狗,可是我很为你感到不幸,你又将自己交到了人的手中,这和被猎狗吃掉没什么不同,你知道人甚至比猎狗更凶狠。"

鹿回答说:"朋友,只要你允许我躲在这里,我便会寻找机会逃走。"傍晚,牧人像往常一样走进牛群中喂牛,他什么也没有发现。牧人刚走不久,管家和几个长工碰巧经过牛栏,他们也依然没有发现鹿。

鹿高兴极了,说:"我想,现在我应该是安全了。"于是,他对那头曾好心劝说过他的牛表示感谢。

另一头牛却不认为鹿现在是安全的,他对鹿说:"你还不能完全放下心来,还有一个人一会儿会经过牛栏,只有等他经过后,没有发现你,你才算真正安全了。"

"这个人是谁?"

"他就是我们的主人了。"

不一会儿,另一头牛口中的主人便来到了牛栏中。只见这个人东瞧瞧,西看看,对牛栏中的情况进行了仔细检查。

他喃喃地说:"这到底是怎么弄的?为什么牛群只分到了这么一点草料?牛栏垫的草也还不到一半,就连地上的蜘蛛网也没有扫干净,这些人真是太懒了。"

忽然,他尖叫了起来,似乎发现了什么。草

料上露出的鹿角吸引了他的注意力，他循着鹿角的方向走近一看，果真发现了那头躲在牛群中的鹿，脸上立刻露出了一丝笑意，心想：这鹿皮和鹿角准能卖个好价钱。

　　他很快便叫来人捉住了鹿，把他杀掉了。那头可怜的鹿就这样失去了生命。

和爸爸、妈妈一起分享

鹿为什么会最终丢掉性命？就是因为他为了躲避一处危险的时候，不自觉地陷入了另一处危险中。

对于鹿来说，猎狗和人类都是危险的。但是鹿却没有意识到这一点，最终导致他丧命。

在生活中，我一直跟孩子不断强调：面对危险时，不要因为着急而慌不择路，而是要冷静分析情况，找出解决办法。

思维方式以及行为习惯的培养，是一个长久的过程，需要家长们长时间的引导，所以家长们加油吧，为培养出一个面对危险而临危不惧的孩子而努力。

唐山市郑钰勋爸爸　郑忠良

小朋友，关于这个故事你有什么话要说，写到下面吧！

汉字对话

两个汉字见面,总会聊聊天,请你猜猜是谁在和谁聊天。

____ 对"于"说:看你那没出息的样,脚下总是不利索!

____ 对"平"说:看把你美的,两天不见,还戴上墨镜了呢!

____ 对"内"说:儿呀,不带武器,你连第三也捞不上!

____ 对"芮"说:一头乱草,该理发了,看你像啥?

____ 对"肉"说:你不就比我家多一口人嘛!咋就那么吃香!人见人爱!

____ 对"意"说:别忘了,我才是你的心上人哩!

答案:干;干;凶;芮;内;音。

老虎的宴会

今天,依旧是个晴天,阳光照在人身上感觉暖暖的。森林中,老虎正在自己的庄园里举行着盛大的宴会,庆祝自己当上森林之王五周年。

老虎的庄园看起来格外的宽敞和明亮,墙壁上贴满了老虎当上大王以来的照片。老虎头戴一顶王冠,看起来比平日更威风了。狐狸、猴子还有狗熊等许多小动物都来了,他们纷纷献上薄礼,举起酒杯为老虎祝贺,宴会现场不时传出笑声。在这些小动物中,笑得最开心的当属猴子和狐狸了。

宴会一直进行了很久,老虎手里的酒杯从来没有放下过,嘴巴也忙碌极了,他一边享受着美味,一边和小动物们说着话。酒足饭饱后的老虎有些懒洋洋的,他刚刚张开嘴巴打哈欠,一股恶臭便从他的嘴里传了出来。大多数的小动物们虽然没有说什么,却都捂住了鼻子。只有狗熊和猴子在一旁用很小的声音议论道:"老虎的嘴真是臭啊。"狗熊和猴子的声音已经很小了,没想到还是被老虎听到了。

老虎看到小动物们捂着鼻子,脸上的笑容一下子就不见了,立刻板起了脸。

他问狗熊:"你为什么要捂着鼻子?"

狗熊老实地回答:"您嘴里的气味实在太难闻了。"老虎听完狗熊的话心里愤怒极了,他对狗熊说:"没有想到,你竟敢这样笑话我,看来你还不知道我的厉害。"说完,老虎便张大嘴巴,伸出锋利的爪子向狗熊扑去。可怜的狗熊就这样被老虎咬死了。

"狗熊的话难道会是真的,我的嘴里真的有一股难闻的味道吗?"老虎喃喃地说道,"要想知道事实,我恐怕还要再问问其他动物。"

他走到了猴子身边,问道:"你觉得我嘴里的气味怎么样?"

猴子心里害怕极了,他的身体不由得哆嗦起来,连忙说道:"一点也不难闻,我倒是觉得您嘴里的气味要比花还要香。"

老虎听完心里依旧没有高兴起来,反而更生气了。他对猴子说道:"原来你竟是这样的人,你简直太会奉承了。"说完,他也把猴子咬死了。

"难道就真的没有其他答案了吗?"老虎心里仍然十分不甘心,他走到狐狸面前问狐狸:"怎么样,你是否闻到了什么?"

只见狐狸转了转他的眼珠说:"老虎大王,真是不巧,我今天得了重感冒,什么也闻不到。"

老虎听完放了狐狸。躲在一旁的小动物们心里害怕极了,他们再也不愿参加这样的宴会了。于是,当老虎举行当上大王十周年宴会时,再也没有小动物敢来参加了。

和爸爸、妈妈一起分享

这个故事中,狗熊、猴子和狐狸,三个动物给出了三种答案,结果只有聪明的狐狸没有被咬死。

我告诉孩子:在面临危险时,就像故事中回答老虎的问题时,你应该考虑老虎的心理,狗熊被咬死,因为他说了实话,使老虎的自尊心受到了伤害。

其次,要看老虎的心理变化,他怀疑自己的嘴巴很臭,却又不想承认。猴子就没有注意到他的心理变化,直接说了假话,最终被咬死。

而狡猾的狐狸就不同了,他另辟蹊径,用一种迂回的方法,避免回答这个问题,真是聪明,值得学习。

大连市张诗婷爸爸　张树春

小朋友,关于这个故事你有什么话要说,写到下面吧!

_____
_____
_____
_____

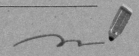

添加标点

古时候,有个秀才要招生,他对穷人子弟实行免费教育,对富家子弟却要索取报酬。

一天,他贴出了一个告示,表达了他对待两种人不同的态度:"无米面也可无鸡鸭也可无鱼肉也可无银钱也可。"

请给"无米面也可无鸡鸭也可无鱼肉也可无银钱也可。"加标点,形成两种不同的意思。

答案:穷人:无米,面也可,无鸡鸭也可,无鱼肉也可,无银钱也可。

富人: 无米面也可,无鸡鸭也可,无鱼肉也可,无银钱也可。

塞根先生的第七只山羊

一位名叫塞根的先生,他曾经养过六只山羊,他对山羊的照顾真是无微不至。可没过多久,这些山羊们都觉得这里的生活太没趣了,他们渴望接触大自然,渴望自由的生活。所以他们丢失的情况都一样:他们都是弄断了脖子上的绳子,跑到了对面高高的山顶上,结果就在那儿被凶狠的狼吃掉了。

塞根先生感叹道:"我的运气可真是糟透了,我养的山羊就这样从我的家里跑掉了。"

塞根先生并没有因为丢掉羊而灰心,在丢

了六只山羊后,他又买了第七只。这一次,他买的是一只刚出生的小山羊。这头羊长得漂亮极了,他是塞根先生所养的山羊中最漂亮、最年轻的一只了。他的眼睛是那样的温柔;他的蹄子看起来又黑又亮;头上的两个犄角还带着花纹;他的毛发又白又长,就像穿着一件皮外套一样。

塞根先生喃喃地说:"如果山羊从小就习惯了这儿的生活,或许就不会跑掉了。"于是,他把小山羊带到后院的草地上,将他拴在了那棵山楂树上。为了让这只小山羊有足够的活动

空间，塞根先生给小山羊留了很长一段绳子。除了这些，塞根先生还经常用怜惜的目光注视着他。

开始几天，这只小山羊温顺极了，他用心地听着塞根先生的话。可没过多久，他的注意力便转移到了院子对面那座高高的山顶上。他总是自言自语地说："要是我能够待在那山顶上该有多好啊！"

从那时起，小山羊厌倦了这里的生活，他一天天消瘦，他的头总是朝对面山上望去，可是脖子上的绳子却牢牢地拴着他。

一天早上，塞根先生又来看他了。小羊祈求说："塞根先生，

我知道你对我很好,可是我在这里待不下去了。你瞧,我越来越瘦了。你就让我到山上去吧!"

塞根先生听了他的话,很难过,心想:"啊!上帝!他也是这样啊!"

塞根先生对小山羊说道:"怎么,你想离开这里吗?这里的草不够新鲜吗?这里的生活不够好吗?"

"不是这样,我只是想到山上去,我只想获得自由。"

"可是,山上有狼,我真怕你会遭遇危险!你知道之前的那六只山羊都是跑到山上,被狼吃掉了。"

"可是我不怕,要是狼来了,我就用犄角顶他几下子。"

"狼才不在乎你的犄角呢。他已经吃了我的几只犄角比你还要长的山羊……你一定知道去年在这儿的、可怜的老诺德吧?一只特别大的母山羊,强壮、凶狠得像公山羊一样!她和狼整整搏斗了一夜……后来,到了早上狼把她吃了。"

"恐怕这只小山羊也要离开我了,难道我的家里就真的不值得留恋吗?"塞根先生叹息地说道。

他摇了摇头,在地上不停地走来走去。

"就剩下这一只小山羊了,我真是不希望他离开我,看来我要想个办法了。"塞根先生心想。

"我可以把羊关在柴房里,然后再安一把牢固、结实的大锁,这样我就不用担心,他会咬断绳子逃跑了!"于是,塞根先生急切地把小山羊带到柴房里,然后安上了一把大门锁。做完这一切,塞根先生满意地离开了。

或许是因为塞根先生有些慌乱,竟然忘记关窗户。塞根先生刚一离开,那只小山羊就从窗户里逃走了。

小山羊终于实现了自己的愿望,来到了向往已久的那高高的山顶上。现在,再也不会有人拴着他了,他能够在更为广阔的空间里活动。小山羊又是蹦,又是跳,心里开心极了。

这山顶上的一切都是那只小山羊未曾见过的,草长得茂盛极了,鲜花散发着迷人的香气,小山羊不由得被眼前的景色所陶醉。他四脚朝天,仰面躺在山顶上,望着蓝天和白云,贪婪地吮吸着山顶上的新鲜空气。

小山羊一会儿一跃而起,一会儿站起来,一会儿在山上跑跑,一会儿在山上跳跳,一会儿来到山巅,一会儿来到谷底,心里快乐极了。

一阵凉风吹过,山完全变成了玫瑰紫色,已经傍晚了。"难道一天已经过完了?"小山羊惊奇极了,他不再跑了,停了下来。这时候塞根

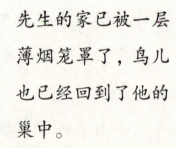先生的家已被一层薄烟笼罩了,鸟儿也已经回到了他的巢中。

忽然,从远处传来可怕的声音,"嚎!嚎!"原来是狼开始叫了。"看来塞根先生还真是没有说错,这里果真有狼。"小山羊喃喃地说道,"那又怎样,就用我的犄角顶他几下好了。"小山羊依然充满了自信,他的目光仍然在向远处望着。

就在这时,山下响起了号角声,这号角似乎在说:"快回来呀!快回来呀……"这是塞根先生吹的。

听到号角声,小山羊不禁想到了塞根先生的家。比起这里,塞根先生的家确实要安全得多,然而,在塞根先生的家里我只能被绳子拴着,只能在极小的范围内活动,那对我简直就是一种折磨。

这时候,身后的叶子沙沙作响,小山羊转身一看,在树影下边隐藏着两只又长、又直的耳朵,还有两只闪闪发光的眼睛。小山羊心想:"或许这就是塞根先生所说的狼了,看来我今晚免不了要和狼有一场恶战了。"

狼看到了夜色中挺立的小山羊,一跃而起,伸出锋利的爪子,张大了嘴巴,向着小山羊扑去。小山羊见狼来了,一个机灵躲到了一边,狼扑了个空。可没过多久,狼便再次向小羊扑来,他变得更凶了。小山羊这时候已经开始自卫了,他低下头,两个犄角朝前竖着,看起来完全进入了战斗状态。狼锋利的爪子,尖尖的牙齿,在小山羊身上撕开了一个口子,小山羊痛极了,却依然没有退缩,皎洁的月光照在小山羊的身上,他变得更加勇敢了。

小山羊和狼苦斗了一整夜。就在天快要亮的时候,小山羊说:"就让这一切结束吧,我真是太累了,真是不希望太阳光映衬出我现在的样子。"于是,小山羊就这样躺下了,洁白的外套上染着斑斑血迹……这时候,狼扑过来,把小山羊给吃掉了。

和爸爸、妈妈一起分享

一只只小山羊离开了,即使塞根先生如何挽留、劝说也无济于事,我问小煜:"小山羊一只只死亡的原因是什么?"

她告诉我,因为他们不听塞根先生的话。我又问她,你知道他们为什么不愿意听塞根先生的话吗?

她摇摇头说不知道。我告诉她,因为他们过度自信了,认为自己能够战胜狼,觉得他们所向披靡。

"可是羊怎么可能战胜狼呢?"小煜说。

是的,我们都知道的事实,羊们却不这么认为。同理,如果人遇到危险的事情,会不会因为盲目自信,而错估形势,使自己陷入危险境地呢?

南京市李香煜妈妈　李富秋

小朋友,关于这个故事你有什么话要说,写到下面吧!

轻松一下 Game

宝塔诗

吴敬梓的《儒林外史》中有这样一首诗：

呆
秀才
吃长斋
胡须满腮
经书不揭开
纸笔自己安排
明年不请我自来

歌吟"村庄"的宝塔诗：

庄,庄。
临堤,傍冈。
青瓦屋,白泥墙。
桑麻映日,榆柳成行。
山鸡鸣竹坞,野犬吠村坊。
淡荡烟笼草舍,轻盈雾罩田桑。
家有余粮鸡犬饱,户无摇役子孙康。

歌颂月亮的宝塔诗：

月，月。

无休，无歇。

夜东生，晓西灭。

少见团圆，多逢残缺。

偏宜午夜时，最称三秋节。

幽光可敌严霜，皓色能欺瑞雪。

穿窗深夜忽清风，曾遣离人情惨切。

谈"东""西"两个方向景色的宝塔诗：

东　　　　　西

步月　　　寻溪

鸟已宿　　猿又啼

狂流碍石　迸笋穿溪

望望人烟远　行行萝径迷

探题只应尽墨　捋赠更欲封泥

松下流时何岁月　云中幽处屡攀跻

乘兴不知山路远近　缘情莫问日过高低

静听林下潺潺足湍濑　厌问城中喧喧多鼓鼙

真假牧鹅姑娘

在一个遥远的国度里,国王已经过世多年,只剩下王后和小公主相依为命。日子一天天过去,这位小公主渐渐长大,并且越长越美丽。那位王后对小公主的偏爱绝不比天底下任何一位母亲少。

这一年,公主到了适婚年龄,一位远方国家的王子登门求婚。王后见这位王子长得英俊极了,对他很中意,便答应把公主嫁给他。订婚后,王子回到了自己的国家。

到了快结婚的日子,王后帮公主打点好一

切，送给她一匹名字叫法拉达的会说话的马，并且安排了一个侍女陪同她一起去王子所在国家。除了这些，王后还把自己的头发割了一小绺下来，拿给公主说："我亲爱的孩子，它可作为你的护身符，保佑你一路平安。"

公主和王后惜别后，把头发揣进怀里，骑上马，踏上了前往新郎王国的旅程。

一天，公主和侍女骑马来到了一条小溪边，公主口渴难耐，对侍女说："请下马为我舀些水来。"

侍女却说："我早已不是你的侍女，要是你想喝水就自己下马去喝好了。"

公主口渴得难受只好自己走下马去。公主刚一低头，她怀里的那绺头发便掉了出来，被河水冲走了。

侍女看到后高兴极了，她对公主说："你的护身符已经被河水冲走了，我看你怎么办？"

公主听侍女这样说，心里难受极了，却仍

然不愿多说一句话。侍女见公主这样软弱,便要求公主和她互换衣服还有马匹。尽管公主觉得侍女的要求很荒唐,但还是答应了。

侍女对公主说:"要是你敢把这事说出去,我一定不会让你好过的。"公主听完,心里害怕极了。

这天,她们终于来到了王宫,王子出城迎接她们。结果,穿着公主衣服的侍女被王子当成新娘,带着她上楼到了王宫内室。真正的公主却被当成侍女,国王安排她和一个名叫柯德金的少年一起放鹅。

没过多久,恶毒的侍女便对王子说道:"亲爱的丈夫,请帮我办件事吧。"

"我很愿意为你效劳。"王子说道。

"你瞧见我骑的那匹马了吧,他在路上一点也不听话,总是折磨我,就让屠夫把他杀了吧。"但实际上她是因为担心法拉达会把她取代公主的真相说出来,所以才要灭口。

王子答应了恶毒侍女的请求。公主知道这件事后,心里非常伤心,她央求屠夫把法拉达的头砍下来,挂在城墙上。其实法拉达并没有死,他依旧可以和公主说话。就这样,每当公主和柯德金出去放鹅的时候,都能够见到法拉达。

一天,公主对法拉达说道:"可怜的法拉达,真是难为你了,因为我你才受到如此对待。"可法拉达却说:"新娘子,请不要这样想,要是你的母亲知道了,心里准会难过的。"站在公主旁边的柯德金,把这一切看在了眼里。

公主很无奈,只好和柯德金出城放鹅去了。他们来到了草地上。当公主打开发髻想要整理头发的时候,柯德金发现她的头发竟然是纯银的,在阳光的照耀下闪闪发光。

柯德金好奇极了,很想拔下几根看看,公主似乎看出了他的心思,连忙说道:"风儿,请快些过来,把柯德金的帽子吹得远远的,让他去追。"公主刚说完话,便起了风,风刮得很大,柯

德金的帽子果真被吹跑了。柯德金去了很久才回来,当他回来时,公主早已整理好了头发。他因为

得不到公主的头发心里气愤极了。

后来几天,柯德金和公主出城放鹅,也依旧会发生这样的事。柯德金觉得这一切奇怪极了,便报告给了国王。

第二天,国王便叫来了公主,问她这一切到底是怎么回事。公主说道:"尊敬的国王,请原谅我的苦衷,我真的不能告诉您。"

国王更加奇怪了。为了知道事情的真相,他不停地追问起来。公主禁不住国王的追问,只好说出了一切。国王听后,气愤极了,他连忙叫来了王子,告诉了他事情的经过。

当天晚上,国王在王宫里举行了盛大的宴

会,邀请了很多客人,那位假新娘穿得漂亮极了。

接着,国王问那位假新娘,该如何处理她的侍女,假新娘镇定地说:"真是应该把她装进满是钉子的木桶里,找来马拉着木桶,在街上狂奔。"老国王说:"你说得简直太好了,那我可就照做了,你真是应该受到这样的惩罚。"恶毒的侍女惊讶极了,她没有想到国王说的那个人会是自己。

不久,老国王便惩罚了恶毒的侍女,并为公主和王子举行了盛大的婚礼。

和爸爸、妈妈一起分享

"这位公主实在太懦弱了,不然也不会被欺负成这样!"心怡听完故事愤愤地说。

确实,公主如果勇敢点,就不会遭遇到后来的磨难了。"可是,你有没有想过,面对威胁,说出真相是需要勇气的。并不是所有人都有这份勇气。"

心怡想了一下,说"的确,班级里有的同学受到了欺负,也不敢告诉老师和家长。"

"对,这时候,这些人就需要你的鼓励与帮助。你有勇气帮助他们吗?就像柯德金帮助公主一样。"我问她。

"当然,我可是充满勇气!"

上海市朱心怡爸爸　朱更海

小朋友,关于这个故事你有什么话要说,写到下面吧!

_____

_____

_____

_____

轻松一下 Game

成语积累

下面是关于"多"字的成语,不同的"多"字分别表示什么意思呢快去连连看吧。

① 读书多　　　A 形形色色
② 数量多　　　B 五谷丰登
③ 种类多　　　C 比肩接踵
④ 挫折多　　　D 变化多端
⑤ 人数多　　　E 不可胜数
⑥ 话儿多　　　F 百花争艳
⑦ 变化多　　　G 人才辈出
⑧ 鸟儿多　　　H 学富五车
⑨ 花儿多　　　I 罄竹难书
⑩ 粮食多　　　J 口若悬河
⑪ 人才多　　　K 万鸟归林
⑫ 罪行多　　　L 百折千回

答案:①H ②E ③A ④L ⑤C ⑥J ⑦D ⑧K ⑨F ⑩B ⑪G ⑫I

被禁锢的妖怪

从前有个樵夫,他和儿子相依为命。樵夫每天总是十分辛苦地干活,他对儿子说:"亲爱的孩子,我必须要让你读书,只有这样,到我老的时候,你才能够有能力让我过上好的生活。"樵夫拼命地干活,终于,挣到了一些钱,他心中十分欢喜,不久便把儿子送去读书了。樵夫的儿子读书很用心,很快便在同学中脱颖而出。可还没等他完成学业,樵夫给他的钱便用光了。这样一来,樵夫的儿子就不得不放弃学业回到家中。

回到家,樵夫对儿子说:"真是可惜,没能

让你完成学业。"可樵夫的儿子却说:"亲爱的父亲,请不要担心,这不过是上帝在考验我,我一定会通过努力让您过上好的生活。"

第二天,樵夫上山砍柴,儿子说:"我要和您一起去。"樵夫说:"你恐怕干不了这样的活。"可樵夫的儿子却说:"不去试一试,又怎会知道呢?"

这天,天气很热,父子两个热得汗流浃背。到了中午,儿子对樵夫说:"亲爱的父亲,你一定累了吧,就让我们找个地方休息一下好了。"可是休息的地方却不好找,父子俩走呀走,最终在一棵大树下坐了下来。忽然,儿子似乎听到了一个低沉的声音大声喊道:"放我出去!放我出去!"

儿子感到很奇怪,便在树根旁挖呀挖,当他把树根旁的泥土扒开后,一个小玻璃瓶破土而出。玻璃瓶里面有一个青蛙模样的小东西在疯狂地上蹿下跳。樵夫的儿子拔掉了瓶塞,那东西一下子从玻璃瓶里窜了出来,转瞬间变成了一个十分可怕的妖怪。

只见妖怪瞪圆双眼,张大嘴巴,露出尖尖的牙齿,当妖怪伸开双臂时,可以看到妖怪手指头上的指甲又尖又长,这时在妖精的脚底下升起了一层烟雾。妖怪刚一出来便狂叫着说:"你把我关在里面这么久,我要拧断你的脖子。"

樵夫的儿子看到妖怪的样子,心里很害怕,可是他很快冷静下来,并且机智地说:"瓶子这么小,我才不信可以装得下你呢!""那我就证明给你看好了。"说着,妖怪便把自己变成一缕青烟,钻进了瓶子里。妖怪刚钻到瓶子里,樵夫的儿子便拿起瓶塞,用力地塞紧,然后把瓶子扔回到树根下。

妖怪知道上了当,连忙求饶说:"善良的少年拜托你放我出去吧!"于是,樵夫的儿子又把妖怪重新放了出来。妖怪出来后,为表达对小伙子的谢意,便递给他一块白布说:"用它的一头在伤口上轻轻碰一下,伤口就会痊愈;用另一头在钢铁上擦一下,钢铁就会变成金子。"

儿子听妖怪说完便回到了父亲身旁,他掏出白布在斧头上擦了一下,斧头立即变成了金斧头。父亲连忙和儿子一起到城里把金斧头卖掉了。后来,小伙子还用妖怪给的白布治好了许多的病人,大家口口相传,小伙子很快就成了闻名于世的医生。

和爸爸、妈妈一起分享

故事中儿子通过自己的聪明智慧，制服了瓶中的妖怪，使得妖怪明白了儿子并不是把他关在瓶子里的人，所以放过了父子俩，并且给了他俩不错的报酬。

俊博问我："如果儿子在第一次把妖怪放出来的时候，就告诉妖怪，不是自己关的它，不是更加省事吗？"

我告诉他，你要考虑妖怪当时的情绪，它当时太气愤了，根本听不进去别人的话，所以只能先把它关起来，等它冷静下来，再解释清楚。

北京市刘俊博爸爸　刘永强

小朋友，关于这个故事你有什么话要说，写到下面吧！

_____
_____
_____

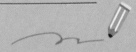

四大美人

你知道中国历史上的四大美人都是谁吗?快去了解一下吧。

中国古代四大美女,就是西施、王昭君、貂蝉、杨玉环。这四位美人享有"沉鱼落雁之容,闭月羞花之貌"的美誉。

其中"沉鱼、落雁、闭月、羞花"是四个精彩的历史典故。

"沉鱼",讲的是西施浣纱的故事;"落雁",指的就是昭君出塞的故事;"闭月",是述说貂蝉拜月的故事;"羞花",谈的是杨玉环醉酒观花时的故事。

雪孩子

森林里下起了大雪,雪花簌簌地从天空中飘落下来,不知过了多久才停下。

兔妈妈对小兔说:"亲爱的孩子,家里几乎没有什么东西吃了,我必须要出去一下,我想我很快就会回来!"

"亲爱的妈妈,我多么不希望您出门,我一个人在家简直太无聊了。"小兔说。

兔妈妈说:"哦,要是那样,我愿意为你堆一个雪孩子,当你感到孤单时就可以和雪孩子一起玩耍了。"

兔妈妈把雪团成了雪球,又找来两颗龙眼给雪孩子当眼睛,用家里剩下的半根胡萝卜给雪孩子当鼻子。

就在兔妈妈挎着篮子要出门时,雪孩子竟然走起路来,她对自己周围的一切充满了好奇,一会儿看看这个,一会儿又看看那个。

兔妈妈说:"亲爱的孩子,雪孩子已经能够走路了,就让雪孩子陪你玩吧。"说完,兔妈妈便挎着篮子出门了。

小兔和雪孩子在一起跑啊、跳啊,不一会儿小兔就觉得累了,小兔对雪孩子说:"雪孩子,我有些累了,我多想回到屋里休息一下。"

"哦,那你去吧。"雪孩子说。

或许是因为太累了,小白兔坐在火炉边烤火,不一会儿就睡着了。

就在这时,放在火炉旁边的一堆干柴不知被什么东西点燃了,小小的火苗一下子就变成了一团烈火,烈火距离小白兔越来越近了,小白兔却依然沉浸在睡梦中没有醒来。

"哦,天哪,到底发生了什么事?小白兔的家到底怎么了?"正在外面玩耍的雪孩子,看到小白兔的家冒出滚滚浓烟十分吃惊,她带着疑惑走进了小白兔的家,发现小白兔的家已经着火了。

"小兔,请你快些出来!"雪孩子大声喊着,却听不到任何回应。火越烧越旺,火舌就要把整间屋子吞噬了。

"这可怎么办?要是小兔子还不出来,恐怕就会葬身火海了。"雪孩子着急地说。

雪孩子不顾一切地冲进了屋,烈火的温度很高,雪孩子在走进火场的那一瞬间就开始融化了。尽管雪孩子的胳膊越来越细了,可她还是不顾一切地把小兔抱了出来。雪孩子抱着小兔

跑到了很远的地方才把小兔放下来,贪睡的小兔终于醒了。

森林中的鸟儿看到小兔家着火了,急忙跑进森林中寻找兔妈妈的身影。听说家里着了火,兔妈妈又是着急,又是惊慌,说:"哦,天哪,我的孩子怎么样了?我必须要快点儿回去,但愿我的孩子不要有什么事才好。"

兔妈妈飞快地向着家的方向跑去,她急切地想要见到她的孩子,她喃喃地说:"我的孩子,你一定不要有什么事呀!你到底在哪里?我多想快点儿见到你!"

小兔子醒来后,发现自己在屋子的外面。她看到家里冒出的滚滚浓烟,十分害怕。

正巧这时小兔子看到妈妈回来了。她跑上前来和妈妈紧紧相拥,激动地说:"亲爱的妈妈,别担心,我什么事也没有,是雪孩子救了我。我们快去寻找雪孩子吧,也不知道她到底去了哪里,我还没有来得及对她说上一句感谢的话呢。"

兔妈妈和小兔在森林中到处寻找着雪孩子,却始终没有发现雪孩子的身影,就在她们有些失望的时候,发现地上多了一摊水,水中躺着两个龙眼和半根胡萝卜。

兔妈妈吃惊地说:"孩子,你快过来,你瞧,这就是我为你堆的那个雪孩子,现在她已经融化了。"

小兔疑惑地问:"亲爱的妈妈,她怎么会变成一摊水呢?"

"雪孩子最怕热了,一定是被烈火烤化了!"兔妈妈说。

"原来雪孩子是为了救我才变成了一摊水

的,雪孩子简直太勇敢了,我多么不想和你分开,我多么希望屋里面没有着火!是我的粗心,引起了火灾,才让我失去了你。"小兔心中不禁难过起来。

　　太阳出来了,那摊水已经变成了上升的水蒸汽,那就是雪孩子。她在空中飘呀飘呀,向小兔挥着手。

和爸爸、妈妈一起分享

　　这个故事反应了两点问题:首先,小兔子的安全意识实在太差了。从小时候起,我的父母都会提醒我不要玩儿火,更不能纵火!

　　我听从了家长的建议,不玩火,用火时小心谨慎。但故事中的小兔子根本没有听从兔妈妈的告诫,这是十分错误的做法。

　　其次,雪孩子勇敢地救了小兔子,这种是自我牺牲、见义勇为的行为,值得大家去学习,更值得大家歌颂。

　　所以说,一个孩子能够在和谐安全的环境中成长,需要家长与孩子两方面的共同努力。

哈尔滨市齐思思妈妈　刘洋

小朋友,关于这个故事你有什么话要说,写到下面吧!

_____
_____
_____
_____